気がつけば警備員になっていた。

高層ビル警備員の
トホホな日常の記録

著・堀田孝之

笠倉出版社

◆プロローグ◆
こうして私は警備員になった

◇その挫折が警備員への第一歩だった

気がつけば警備員になっていた――。

小学生のときの夢はサッカー選手だった。中学生になってから小説家に憧れた。高校生になると、映画監督を目指そうと思った。

だけど私は、いつの間にか警備員になっていた。

この本は、私が26歳から29歳までのおよそ4年間に、高層ビルの「施設警備員」

として生きていた日々の記録である。

時は、21世紀初頭に遡《さかのぼ》る。

私は横浜の某国立大学に入学した。映画監督の岩井俊二《いわいしゅんじ》の出身校で、同じ映画サークルに入る予定だった。しかし、「友だちが一人もできない。寂しい」というこれ以上ない恥ずかしい理由で、1年で中退した。

アルバイト生活を経て、今度は、川崎は新百合ヶ丘《しんゆりがおか》に居を構える映画の専門学校に入った。好きな映画監督はポーランドの「クシシュトフ・キェシロフスキ」と嘯《うそぶ》くために、入学前は舌を噛み切りそうなこの難解な名前を何度も家で練習したものだ。

映画監督を志していた私は、およそ200人いる同級生の中で数人しかすることができない「卒業制作の監督」に選ばれた。

思い起こせば、この「卒業制作の監督」での大きな挫折が、私がのちに警備員への道を進む第一歩だったように思える。

私の監督作『33万ペソの恋』は、横浜の歓楽街「黄金町《こがねちょう》」で娼婦《しょうふ》をしているコロンビア人女性のジェシカと、自分をモデルとした童貞・新田が恋に落ちる物語だった。この卒業制作は、「自伝的映画」と公表していたが、実際のところ私は黄金町に通ったことはないし、コロンビア人女性を見たこともない。

そんな、頭の中で妄想しただけの「偽物の映画」は、30年以上の歴史がある専門学校史上、最低の出来の卒業制作の一つとして数えられている。

いや、数えられるならまだ救いがあろうものだが、卒業制作の発表後、私に提示された評価は「黙殺」だった。誰にもなんの感想も言われなかった。「このようなものを作るなんて恥ずかしい」という空気のようなものが私を苦しめた。

そして私は、あっさりと映画業界に進む道をあきらめた。ちょうどそのころ、専門学校の同級生である「菜々《なな》ちゃん」と恋仲になり、菜々ちゃんは妊娠した。『33万ペソの恋』の挫折を乗り越えて、映画業界に進んでいく勇気も情熱も私にはなかった。菜々ちゃんと結婚し、生まれてくる新しい命とともに、「どこにでもある普通の家庭」を築ければそれでいいじゃないか。

「どこにでもある普通の家庭」を築くことがどんなに大変なことか、24歳の私は知るよしもなかったのである。

◇夢をあきらめて出版業界に就職したものの……

知り合いの伝手《つて》を辿って私が就職したのは、雑誌の編集プロダクションだった。映画業界に進むのはあきらめたものの、「書く」ことに関しては自分もそこそこいけるのではないか、という無根拠な自信があった。いや、というより、映画監督になる夢をあきめたとはいえ、少しでも「クリエイティブ感」のある仕事についていたいという欲求が自分の中に残っていたのかもしれない。

生まれたばかりの「のんちゃん」にオッパイをあげている菜々ちゃんが、出社していく私に、いつも笑顔でこう言った。

「今日もがんばろう！　ファイト！」

そして私が出かけていくのは、会社ではなく、ラブホテルだった。

なぜなら、私の勤めていた編集プロダクションは男性誌をメインに編集している会社で、その日はアダルト誌の動画とスチールの撮影だったからだ。

経費削減のため、男優は雇わず、編集者の私が出演することも少なくない。

このように書くと、私の仕事が愉快なもののように感じる人がいるかもしれない。

しかし、実際の仕事は「地獄」としか言えないものだった。

その編集プロダクションは、月間10冊近くのエロ本や女性アイドル関係の雑誌、サブカル系のムックを制作していた。当時はまだ、ネットユーザーが現在ほど高齢にまで及んでいなかったため、中高年層を中心にアダルト誌は売れていたのである。

そのため、とにかく仕事量が凄まじかった。

日中、AV女優と撮影をしてから、夕方、アイドルのグラビア誌を作り、深夜からサブカル系の本の原稿を書く、というようなことを繰り返していると、家に帰る時間などほとんどなかった。

実際、1週間会社で寝泊りし、ようやく土曜の朝に帰宅することも少なくなかった。

そんな私の「労働のモチベーション」は、「家族を養う」ことに尽きる。入社当初に求めていた「クリエイティブ感」などどうでもよかった。とにかく、ボロボロになりながらでも働いて、「手取り16万円」もらえれば、菜々ちゃんとのんちゃんと一緒に暮らすことができる。

土曜日の夜、一週間ぶりに会う菜々ちゃんとのんちゃんと、近所のトンカツ屋で食事しながら、そんなことをいつも思っていた。

◇編プロを失踪し、収入ゼロになる

しかし、限界は突然訪れた。

午前3時、アダルト誌のグラビアに「発育が止まらないプルプル爆乳ギャル！」というキャッチコピーを書いた瞬間だった。

（逃げよう……）

私は秋葉原にあった編集プロダクションを出ると、目的もなく、ただただ歩き続けた。しだいにあたりが明るくなってきた。

（やっぱり戻ろう。今日は校了日だ。みんなに迷惑をかけてしまう）

頭ではそう思っても、足の動きが止まらなかった。

いつの間にか、東京駅にたどり着いていた。私は殺人事件を犯した容疑者のような緊迫感で、「とにかく逃げなくては」と北に向かう鈍行電車に飛び乗った。

電車が福島県を走っているとき、携帯電話が鳴り響いた。上司からの電話だった。何度も何度もかかってくる。メールも届く。それは私を責めるような内容ではなかった。むしろ、私を気遣うような内容だった。けれど、どんなものであれ、誰ともなんの連絡もとりたくなかった。

私は上司に、「もう限界です。申し訳ございません」とメールを送った。続けて菜々ちゃんに、「逃げちゃいました。ごめんなさい」とメールを送った。そして、折りたたみ式の携帯電話を、真っ二つに折って破壊し、窓からそれを捨てた（福島の方、すみません）。

私は鈍行を乗り継ぎ、宮城県の松島までやってきた。まだ、震災が起こる前の話だ。

日中は緑に覆われた小島がてんてんと浮かぶ穏やかな太平洋をぼんやり眺め、夜は人通りの少ない小さな公園の東屋《あずまや》で過ごした。東屋のベンチで横になっていると、ときおり、巡回《じゅんかい》中のパトカーのライトが公園を明るくした。そのたびに私は、ベンチの下に身を隠した。

そんなことを3日も続けていると、「いったい俺は何をしているんだ？」という気分になってきた。

家に帰れば、菜々ちゃんものんちゃんもいる。きっと心配しているに違いない。家族がいてくれればそれでいいじゃないか。

こうして私は、仙台駅の構内で立ち食いの「牛タン入り蕎麦」を食べ、静かに東京に戻ることにした。

◇ハローワークで「人生甘くみるな」と怒られる

東京は稲城《いなぎ》市にあるアパートに帰る。菜々ちゃんは茶の間で、のんちゃんに絵本の読み聞かせをしていた。「心配してたんだよ！」と感動の再会になるつもりだったのだが、菜々ちゃんとのんちゃんはポカンとした顔で私を見上げている。

「ただいま」

と言うと、どうも、という感じで菜々ちゃんが頷いた。

菜々ちゃん曰《いわ》く、この3日間、会社の人が何度か尋ねてきたそうだ。そして、「そのうち帰ってくるでしょう」ということに話は落ち着いているらしい。実際、そのうち帰ってきたが……。

「それよりも」

と、菜々ちゃんはパソコンを開いて、あるサイトを私に見せた。

「ここに、バイトが決まったんだ。来月から」

とのこと。1歳になるのんちゃんを預かってもらえる保育所が決まり、菜々ちゃんも働きに出ることが決まっていた。彼女のアルバイト先は、小学生や学校の先生向けの教材や書籍を出している出版社だった。

ただし、菜々ちゃんのバイト代だけでは、とても家族3人は暮らしていけない。

つまり私は、早急に再就職先を決めなければいけない。

退職の手続きはすべて菜々ちゃんがしてくれた。自分で自分が情けなくなるが、大学の中退の手続きも母親がしてくれていた。つまり、「飛ぶ鳥跡を濁す」のが私だった。

すぐにハローワークに通い始めた。私が希望するのは、とにかく気楽な仕事、がんばらなくていい仕事、頭を使わなくていい仕事、定時に帰れる仕事。

映画業界も出版業界も、あらゆる「クリエイティブな仕事」は当然除外される。しかも、なんのスキルも資格も必要ない仕事じゃなければダメだ。スキルを身につけるにはがんばらなきゃいけないいし、資格をとるには頭を使わなきゃいけない。そのほか、定時に帰れない匂いのする職業はぜんぶＮＧだ。

そこでまず、私が白羽の矢を立てたのが「マンションの管理人」だ。

私の父母は、山梨県の清里《きよさと》でペンションを経営していたのだが、閑散期には近所にある工場の寮で「管理人のおじさん・おばさん」として働いていたことがある。幼い私はその寮で過ごすのが大好きで、父も母も「管理人」として幸せそうだった。だから、心のどこかで「管理人は気楽で幸せ」というイメージが出来上がっていたのだと思う。

私はハローワークの相談員の男に、「マンションの管理人」を希望する旨を伝えた。すると男は、「ははーん、そのタイプね」という表情をし、

「君ね、マンションの管理人っていうのは、人生の酸いも甘いも経験した人じゃなきゃ務まらないよ。ラクそうだと思っていない？」

私はぐうの音も出なかった。実際、ラクそうだと思っていたからだ。

ならば私は、どうすればいいというのだ。

「これなんか、どう？」

と、相談員が差し出した求人票には「施設警備員」とあった。

私は瞬時に、のんびりした牧歌的な「施設」、それもほとんど人の気配がしない田舎の博物館などの「施設」をイメージし、そこでボーッと突っ立っている自分の姿を思い浮かべた。

（悪くない）

と思った。警備員ならば、頭を使わなくても、がんばらなくてもよく、気楽で、定時に帰れて、なんのスキルや資格がなくても務まるはずだ。

のちにこれらはすべて裏切られるのだが、このときは「警備員こそ俺の天職」

だと思った。

私は相談員に、警備員への応募をお願いした。

◇気がつけば警備員になっていた

２００９年６月、私は警備会社に契約社員として入社した。

26歳のときだった。

19歳のとき大学から逃げ、24歳のとき映画業界から逃げ、26歳のとき出版業界から逃げた。警備員になるとき、私は「これを一生の仕事にしよう」と思っていた。自分が警備員になることに、特になんの感慨もなかった。私はただ、菜々ちゃんとのんちゃんと一生一緒にいるために、そのための方法として「警備員」という職業を選んだにすぎない。人生のメインは家族との時間で、仕事は自分の人生とは関係のないこと。そう思っていた。

入社すると、法律で定められている４日間（30時間）の新任教育を受け（現在は20時間に短縮）、港区にある45階建ての高層オフィスビルに配属されることが決定した。

支給された警備服に袖を通し、帽子をかぶる。

菜々ちゃんに向かってふざけて、新任教育で習った敬礼をしてみる。

「なんかコスプレみたい」

菜々ちゃんは笑った。

「でも大丈夫。がんばっていれば、きっとうまくいくよ」

菜々ちゃんとのんちゃんは、テレビに映る芦田愛菜《あしだまな》と鈴木福《すずきふく》のマネをして、ダンスを踊り始めた。のんちゃんはもう、立ち上がって歩き回れるくらい成長していた。

その姿を見て、「家族がいれば大丈夫」と、私は呪文のように頭の中で繰り返していた。

こうして私は、警備員になった。

もくじ

◆プロローグ◆
こうして私は警備員になった

◆第1章◆
高層ビル警備員、本日も異常なし!

◆第2章◆
ほとんど苦労、ときどき楽しい警備の仕事

◆第3章◆

警備員の知られざる生活ドキュメント

◆エピローグ◆人は何度でも同じ過ちを繰り返す

※本書に登場する固有名詞はすべて仮名とした。
実在する人物・団体とは一切関係ないとしつつも、
起きた出来事はすべて著者が体験したことである。

第1章

高層ビル警備員、本日も異常なし！

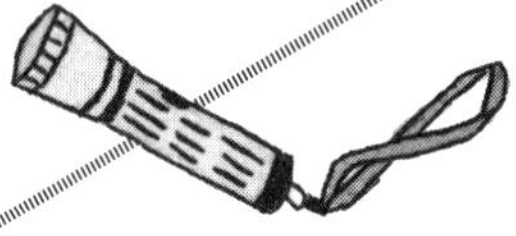

のんびりできない防災センター

東京は港区の一等地、大小さまざまなオフィスビルが建ち並ぶエリアで、勤務先の「グランドシティータワー」はひときわ堂々たる存在感を放っていた。

外装は全面ガラス張りで、近くのビルとビルの間から差し込む日射しを受けて、まぶしいくらいに光り輝いている。

警備員としての勤務初日の朝。

私は、エントランスの前でグランドシティータワーを見上げていた。45階建てのビルの上方は、雲の上にあるかのように遠く霞んで見える。そんな私の横を、上等そうな細身のビジネススーツを着込んだ男や、女性ファッション誌から抜け出してきたかのような洗練

された女が軽やかに追い抜いて、エントランスの中に吸い込まれていく。量販店で購入したパーカーを着ている自分が場違いのようで恥ずかしく、私はそそくさとビルの裏側の通用口に向かった。

集合場所は、地下2階にある「警備控室」。通用口からビルのバックヤードに入ると、外観やエントランスの高級感とは打って変わり、壁や床は汚れやキズが目立ち、くすんだ黄色をしている。私は業務用エレベーターに乗って地下2階に降りた。

地下2階には、「警備控室」と並んで「設備控室」と「清掃控室」があった。清掃控室の前を通ると、ちょうど中から長身でハゲ頭をした白人の中年男性が出てきた。清掃員の作業着を着ているから清掃員なのだろう。

「ヘーイ！　ユー！　どなた⁉」

と近づいてきた男性に、今日から警備員として働く者だとドギマギ挨拶した。白人男性はジョージ（52）と名乗り、

「ヨロシクネ！　ヨロシクネ！」

とハイテンションに手を差し出してくる。私たちは握手を交わした。想定外の歓迎ムードに、緊張感が少しやわらいだ。

いよいよ警備控室の扉をノックし、入室する。

制服を着た4人の警備員が、パイプ椅子に座り、テレビを観ている。

視線が一斉に私に向いた。

(初日はとにかく元気よく!)

と考えていた私は、

「本日からお世話になる堀田です!　よろしくお願いします!」

と直角に頭を下げた。

「おはよう。そんなに力まなくていいから」

と警備隊長の宮崎《みやざき》さん(48)が笑った。宮崎さんとは、新任教育のとき一度顔を合わせていた。

「よろしく〜。期待の新人さんだね」

と、ガタイが良くて地声が大きい武藤《むとう》さん(37)が言った。

「武藤さんは新人キラーだから注意しな〜」

と、力士のような体型をしている野原《のはら》さん(35)が言うと、武藤さんは「ガハハハッ」と笑った。野原さんは朝だというのに、牛丼弁当を食べている。

ツルッパケでありながらサイドの髪の毛は充実している伴《ばん》さん（45）は、我関せずで、ニヤニヤしながらテレビに映る女性アナウンサーを見つめている。

私は急いで制服に着替えようとするも、焦ってしまい、帯革《たいかく》をうまく腰に巻くことができない。帯革とは、キーボックスなどを装着するための革のベルトのことで、施設警備員の必需品である。

「もうちょっと上の方がつけやすいよ。腰骨よりも上がいい」

と、武藤さんが帯革をつけるのを手伝ってくれた。

午前8時が近づくと、警備員は全員で1階の防災センターに向かう。

防災センターに入ると、3種類の制服を着た男たちが十数人、忙しそうに立ち回っていた。防災センターは、グランドシティータワーのオーナー企業の社員である「管理さん」、その雇われ主（協力会社の社員）である、ビルの設備メンテナンスを担当する「設備さん」、同じく雇われ主である、私たち「警備さん」の勤務先である。

防災センターの入り口には受付窓口があり、その奥には「管理さん」のデスクが並んでいるエリア、そのさらに奥のスペースは監視盤室《かんしばんしつ》と呼ばれ、「設備さん」と「警備さん」が

24時間常駐している。

午前8時になると、朝礼が始まった。私は隊長の宮崎さんの隣に立ち、背筋を伸ばしてキチッと立つ。前日勤務の「設備さん」と「警備さん」から、24時間の間にビルの中で何があったかの報告が行なわれていく。

管理さんたちの視線が、私に注がれているのがわかる。

（……この緊張感は何？……想像とぜんぜん違うのだけど……）

朝礼が終わると、今度は警備内での「引き継ぎ」が監視盤室で行なわれる。前日勤務の警備員から当日勤務の警備員に申し送りがされ、ようやく前日勤務の警備員は業務終了となる。

つまり、グランドシティータワーの警備員は、日勤勤務の人以外、丸1日の勤務が基本なのである（毎日必ず1時間の残業があるため、必然的に25時間勤務となる）。

監視盤室には、火災や地震の警報機、エスカレーター、エレベーター、自動ドアの警報機、防犯カメラの映像を流す監視モニターなどがあり、ビルの中にあるすべての設備機器が一元管理されている。

そのため、常に大小さまざまな警報が鳴り響いていて、心の落ち着く暇がない。

このときも、「ピーピー」だの、「ウーウーウー」だの、警報音がひっきりなしに鳴っていて、そのたびに心臓が飛び出そうになるのだ。

「それでは今日も一日よろしくお願いします。堀田くんも今日からよろしく」と、前日勤務だった副警備長の井上《いのうえ》さん（42）が言った瞬間、「ビーーーーーーーーーーー」と、これまでとは比較にならない、とんでもなく大きな警報音が鳴り響いた。

すると、それまでニヤニヤしていたツルッパゲの伴さんが、顔色を変えて警報機にダッシュし、「41階、煙感知器26番、発報！」と大声で叫んだ。

それに呼応して防災センターの面々は必死の形相となり、あらゆる業務を中断して、防災センターから飛び出していった。

私は心臓をバクバクさせながら、その「緊急事態」を茫然と眺めていた。

（とんでもないところに、来てしまった……ここでは、のんびりなんてできないかも……）

これが、勤務初日の率直な感想であった。

敷地内と敷地外、警備員にできること

警備員になってまもないころは、先輩の警備員と行動を共にする。その日は、初日で顔を合わせた武藤さんと一緒になった。

私は武藤さんと、ビルの外にある喫煙所の近くを「動哨《どうしょう》」していた。動哨とは、日中に人出の多いエリアを「散歩」するだけの仕事である。巡回のように決められたルートはない。

「喫煙所の外でタバコを吸っている人がいたら注意をしよう」

「武藤さんは、なんと注意していますか?」

「喫煙所でお願いします、と言えばいいよ。でもあれだね、近づいていって目が合えば、向こうも察するから。これの力で」

武藤さんは制服を指差した。

武藤さんはもともとTシャツのデザイナーだったそうだが、デザイン会社が倒産したのを期に警備業界に入ったそう。警備員のなかでは珍しく既婚者であり(隊長の宮崎さんと武藤さんと私以外、警備員はみんな未婚だった)、また前職が同じ「クリエイティブ感」のある仕事であることからも、何かと気にかけてもらっていた。

武藤さんは、警備員の仕事を気に入っているようだった。毎日楽しそうに大笑いしていて、隊長の宮崎さんとも仲がいい。

喫煙所から離れたところでタバコを吸い始めた人がいる。

私が注意しに行こうとすると、武藤さんがそれを制した。

「地面、見てごらん。あの人が立っているのは、ビルの敷地内ではなく、公道の歩道だよね。俺たち警備員が注意できるのは、このビルの敷地内に限る。だからあの人には声をかけちゃダメ」

これには驚いた。警備員はビルのオーナー会社から警備業務を請け負っている私人にすぎない。だから、公道においてはなんの権限もないため、路上喫煙を注意してはならないのだ。

「おもしろいよ〜。わかっている人は、俺が注意しに近づいていくと、わざと歩道の方に出るんだよ。そうすれば注意できないって知ってて」

なにもそこまでして路上喫煙しなくてもいいと思うのだが……実際に私も経験した事例だ。とはいえ、現在は屋外の喫煙所は次々と撤去されており、喫煙所がビルのエントランス近くにあったこの時代が懐かしくなる。

武藤さんのＰＨＳが鳴った。防災センターの警備員からの指令で、至急エスカレーター7号機に急行せよとのこと。エスカレーター7号機は、ここから200メートルは離れている、ビルの敷地内にある公園に上っていくエスカレーターだそうだ。

武藤さんは「ついてきて」と言うと、走り出した。私も追いかける。武藤さんは180センチを超える長身から繰り出されるストライドで、ビルの外通路を駆け抜け、次々と通行人を追い抜いていく。私も、かつて陸上競技部の短距離走で慣らした豪脚を発揮し、武藤さんを追う。そして、エスカレーター7号機に到着。特に異常は見当たらないが、エスカレーターは停止している。

武藤さんはＰＨＳで防災センターに連絡する。すると、防災センターにいた警備員が防犯カメラで録画している映像をチェックし、子どもが間違えて緊急停止ボタンを押していたことが発覚する。

異常がないことがわかり、エスカレーターを起動させることになった。

「やってみる？」

と武藤さんは、キーボックスから鍵を取り出した。エスカレーターの手すりが出てくる部分の近くにある鍵穴に鍵を入れて、回せばエスカレーターが動き出すらしい。

私は人生初のエスカレーターの起動にドキドキしながらも、これは鍵をひねるだけなので簡単だった。動き始めたエスカレーターを見て、感慨深かった。

「それにしても堀田くん、足が速いね。いつもならあそこまでダッシュしないけど、堀田くんに抜かれたら格好つかないと思ってがんばっちゃったよ」

そう言って武藤さんは、ガハハと笑った。

武藤さんは「新人キラー」と呼ばれていたが、兄貴肌で面倒見がよい人だった。新人なら誰でも叩くというわけではないようだ。おそらく歯向かったり、生意気な口をきく新人が嫌われるのだろう。その点私は、郷に行っては郷に従うタイプの人間なので、うまくやっていけるかもしれない。

早く警備員の一員として認めてもらえるようにがんばろうと思った。

巡回距離は1日10キロ!? 1カ月で10キロ痩せた

日中、防災センターにいない警備員は、「巡回」か「動哨」をしている。

巡回とは、あらかじめ決められたコースを歩き、前回の巡回から何かしらの異常や変化がないかをチェックする業務だ。グランドシティータワーの巡回ルートは、4つあった。

1つ目は「高層階《こうそう》」。これは屋上から32階までの全エリアを歩く。といっても、テナントが入居している部屋には入らない。いわゆる共用部を歩く。

2つ目は「中層階《ちゅうそう》」。これは31階から15階までを歩く。

3つ目は「低層階《ていそう》」。これは14階から地下3階までを歩く。

4つ目は「外構部《がいこうぶ》」。グランドシティータワーの敷地には、ビルの外にも、大きな公園

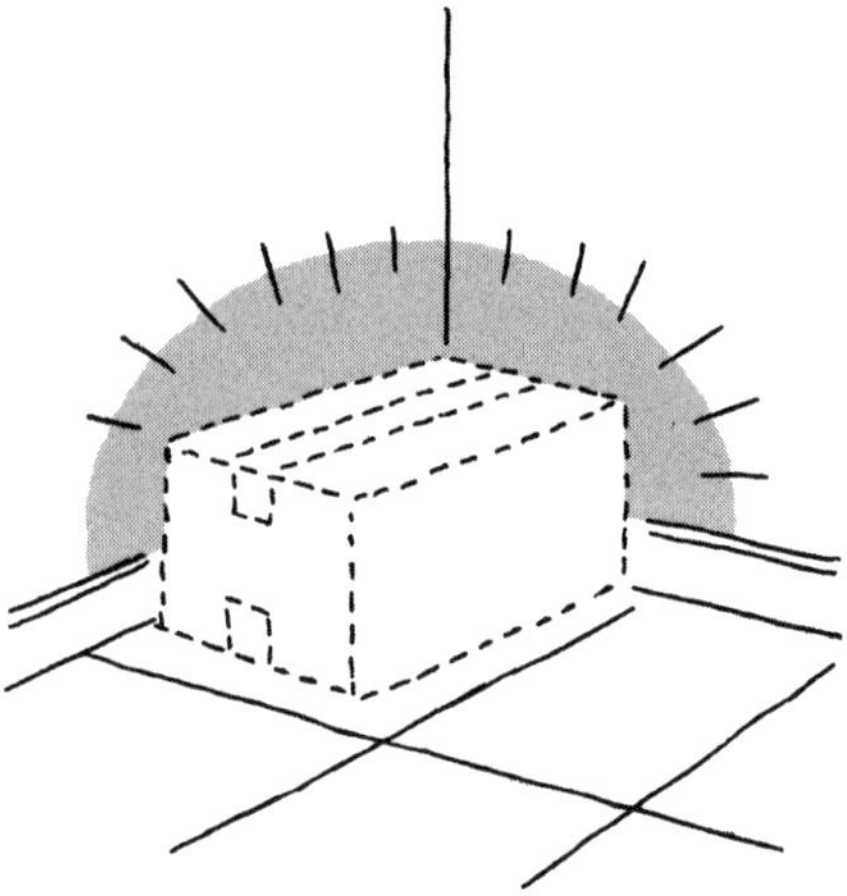

や飲食店などが入った離れの店舗棟があり、これらもすべて巡回経路になる。

それぞれの巡回は、いずれも1時間弱で歩き終わるルートだ。丸1日の勤務において、すべてのルートを最低でも1回は歩くことになる。


巡回の際は、巡回チェックシートを持って歩く。巡回チェックシートには「放置物品」「施錠チェック」「騒音」「破損」など、巡回時にチェックすべき項目が並んでいて、それぞれ異常がないかチェックしていく。

とはいえ、巡回中はいちいち項目を照らし合わせてチェックするのではなく、いつも歩くルートに「いつもとは違う(異常)」がないかを、意識しながら歩いていくのが基本だ。

たとえば、「29階の給湯室にはダンボール箱があったのに、今日はない」ということに、何度も同じ場所を歩いていると気づく。そのような「異常」に出合ったとき、チェックシートに書き込んでいく流れだ。

ダンボール箱の数が増えようが減ろうがどうでもいいだろ、と考えるかもしれない。

しかし、警備員にとっては一大事だ。

たとえば、そのダンボール箱の中に、29階のテナントの社外秘情報が書いてある資料が入っていたとしよう。万一、そのダンボール箱が別の階のテナントの人間に盗まれたとしたら、「いつそのダンボール箱が盗まれたのか?」に焦点が当たる。

そのとき、警備員の巡回チェックシートを見れば、この日のこの時間までダンボール箱は存在した、しかしこの時間になくなっている、ゆえにダンボール箱が盗まれたのはこの巡回とこの巡回の間の時間帯、だということが推測できる。

このような事例は、私が警備員をしていたときに起こったことはない。ただ、このような「事件」でなくとも、共用部に私物を置かないよう管理がテナントにお願いする際、何度となく伝達しているのに無視されていることを示す「証拠」としても活用できるだろう。

また、騒音クレームが発生したときは、いつからその音が発生しているのかを確かめる客観的な指標にもなる。

このように警備員による「巡回」は、ビルがその前の巡回時からどのように「変化」したのかの記録を残していく業務なのである。

グランドシティータワーは、セキュリティーカードを使わなければ通れないエリアが数多いため、巡回をサボると必ずバレる。カードを使った履歴が残らないからだ。

体重120キロは超えているであろう警備員の野原さんは、かねてから「巡回をサボっているのでは?」という疑惑を管理に持たれていた。

彼は防災センターの監視業務でも私語が多く、管理のなかでは評判が悪かった。

ある日、管理の副責任者の小宮山《こみやま》さん(42)が野原さんのセキュリティーカードの履歴を逐一チェックし、それを警備会社に突き出し、クレームを入れた。そして、野原さんはあっさりと現場から追い出されてしまったのである。鬼瓦のようにイカつい顔をした小宮山さんは、常に警備の動向に目を光らせている、油断できない管理さんである。

私は、4年間の勤務で、一度も巡回をサボったことがない。カード履歴さえ残ればいいので、カードリーダーにカードをタッチするだけで実際には歩かない、という裏技があった。けれど、私はそれをしなかった。

なぜなら、巡回が、勤務中に、唯一落ち着ける時間だったからである。

先述したように、防災センターの監視盤室で座っていると、いつ緊急警報が発報されるかわからず、常に心は緊張状態にあった。もし火災警報が発報したのに、適切な対応ができず、その結果、火災が広がってしまったら……。心配性の私は、このように不安になってしまうのである。

けれど巡回中は、歩くだけだ。

歩いているときは、「逃げてばかりの人生」とか、「このままずっと警備員でいいのか？」とか、「もう一度夢に向かってがんばらないのか？」とか、そういったもろもろの「雑念」を追い払うことができた。歩いているときは、歩くことだけに集中でき、心は穏やかになった。

のちに、私は勤務1日での歩数を万歩計で調べてみたことがある。私は1日1万5000歩も歩いていた。これは計算すると、10キロを超える歩数である。

つまり、1回勤務するのは、10キロのウォーキングをしているのに等しい。

その結果、75キロあった体重はみるみる減り、1カ月で65キロまで落ちた。食事制限は一切していない。

マジメに巡回するだけで10キロのダイエットに成功するのが警備員の仕事だ。

野原さんが巡回をサボっていると疑惑を持たれたのは、120キロを超える体重に原因があったのかもしれない。

立ち続けるのも警備員の大切な仕事

一般的に、施設警備員といえば、ビルや施設のエントランスに「立っている姿」をイメージするかもしれない。

休めの姿勢で、同じ場所に立ち続ける業務を「立哨《りっしょう》」と呼ぶ。どの施設に配属されても、必ず行なう業務である。施設によっては、仕事のほとんどは「立哨」という現場もある。

しかし、グランドシティータワーの警備員が、必ず立哨しなければならないのは朝の7時から9時の時間帯に限られた。エントランスの横に立って、会社に出社してくる人たちに「おはようございます」と挨拶をする仕事だ。2時間の立哨時間を3人の警備員で回すので、一人が立哨するのは40分程度だ。

毎回立哨していると、数千人はいるであろうテナントの社員の顔をだんだん覚えてくる。大きな声で挨拶を返してくれる人、軽く会釈してくれる人、完璧に無視をする人など、警

備員に対する反応は人それぞれだ。

配属されてまもないころは、挨拶をしているのに返してくれないことに、いちいち悲しくなっていた。しかし、よく考えてみると、自分が警備服を着ていないときは、警備員から挨拶をされても軽く流していることを思い出す。自分も人のことは言えない。

朝の立哨時に、楽しみが一つだけあった。毎朝、7時50分くらいに出社してくる美しい女性と顔を合わせることだ。32階の外資系投資会社に勤務している女性で、自動ドアが開いてビルの中に入ってくると、いつもニッコリ笑って、「おはようございます」と挨拶を返してくれた。どことなく、歌手の持田香織《もちだかおり》に似ている女性だった。

彼女が32階の会社に勤務しているのを知ったのは、巡回中に一度、32階の給湯室でバッタリ出会ったからである。

そのとき持田さんは、「いつもお疲れ様です」と、私に話しかけてくれた。そんなことを言われたのは初めてだったので、私はドギマギし、その挙動不審ぶりをクスクス笑っていた。

それから持田さんは「警備員さんは朝早いですけど、何時に出社しているんですか？」

と聞いてきた。私は、警備員は25時間勤務であること、朝のはエントランスに立っていることは勤務終了直前の時間なのだと話した。

すると持田さんは驚き、「ほんと大変！　お体大切にしてくださいね」と、私の肩をそっと撫でた。ドキドキしすぎて倒れそうだった。

給湯室は南側のバックヤードの窓際に位置していて、夕方の柔らかい日差しが持田さんの後ろから御光のように差し込んでいたのをよく覚えている。

警備員は25時間ビルの中にいるわりには、テナントの社員と会話を交わすことはほとんどない。どちらも話す理由がなければ、共通の話題もない。ビルの中で警備員に出会っても、「警備員がいる」としか認識されない。それは「警備ロボットがいる」とほとんど変わらないことなのだ。

だからこのときは、給湯室でちょっとした「人間的な会話」をするだけで、天にも昇るような気持ちになった。女の子とほとんど会話したことのない男子中学生が、クラスのマドンナ的な女性に話しかけられて嬉しくなってしまうような、そんな感情である。

しかし持田さんは、ある日を境に、バッタリと姿を見かけなくなった。おそらく会社をやめたのだと思う。こうして私は「プチ失恋」を経験し、以降、立哨する楽しみは完全に失われたのだった。

持田さんなきあとの立哨は、ただただ肉体的につらかった。特に冬がつらい。エントランスの自動ドアが開くと、外気がビルの中に吹き込んでくる。立哨する場所は、ちょうどその風がダイレクトに当たる場所。だから、自動ドアが開くたびに、凍りつくような風に体がさらされてしまうのである。

だったら、風が当たらない場所に立つ位置を変えればいいと考えるだろう。当然、警備員は会社を通じて、雇い主である管理に窮状を訴えた。しかし、これは却下された。現在立っている場所が、テナントのお客様に、もっとも挨拶が届きやすい場所だから、とのこと。

この程度の「不条理」に憤っているようでは、警備員は務まらない。

警備員は見ている！監視モニターに映った女のヒミツ

警備員がルーティンでやることの一つは、「防災センターでの監視業務」だ。

防災センターの監視盤室には、監視モニターが8台設置されている。1台のモニター画面は4~9つに分割されており、およそ50ある敷地内の監視カメラの映像がリアルタイムで流れている。監視カメラは、ビルのすべてのエントランス、ロビー、エスカレーター、エレベーター、喫煙所、階段、公園、駐車場、駐輪場、外の通路、荷捌《にさば》き、立ち入り禁止箇所などに設置されている。

映像はすべて録画されているので、気になる異常があればすぐに巻き戻して再生することもできる。

監視モニターに不審者や禁止行為をしている人が映ったら、動哨や巡回中の警備員に

ＰＨＳで連絡して現場に向かわせる必要がある。

また、監視盤室に設置されたさまざまな警報機が発報した場合、それを防災センターの人員に叫んで周知させると同時に、現場近くの警備員に急行するよう命じるのも監視業務の重要な役割である。すなわち、防災センターで監視業務をする警備員は、司令塔的な役割を果たさなければならないのだ。

サッカーを例にすると、試合をコントロールする司令塔の選手は、チームメイトがどこにいてどんな動きができるかなど、全体を冷静に俯瞰《ふかん》的に見て、的確なパスや指示を出す能力が求められる。

これと同じで、防災センターでの監視業務にも、緊急時に慌てない冷静さと、ほかの警備員を動かす指示力が必要なのである。どの警備員が今どこで何をしているか常に把握しておき、誰を動かせばもっとも早く現場に到着できるか一瞬で判断しなければならない。

警備員は、新人のころから、誰もがこういった司令塔の役割を果たさなければならないのである。

監視業務に慣れていないと、50ある監視モニターのどこに目線をおけばいいのか、なかなかどうして難しい。あるモニターに集中してしまうと、別のモニターのチェックがおろそかになってしまうので、視野を広げて50のモニターのすべてに均等に意識を向けなければならないのだ。

「監視業務」も巡回と同じで、慣れてくると、いつもと違う状況（異常）がすぐにわかるようになる。

たとえば、駐輪場を映す監視モニターを見たとき、数十台並んでいる自転車のなかに、見慣れない自転車が1台止まっていると、すぐにそれが、許可をとっていない違反駐輪であることがわかる。「正常」を知っているからこそ、「異常」に気づくことができるのだ。

つまり、警備という仕事は一朝一夕にスキルアップするものではなく、いかにその現場で経験を積むかが重要になる。

ちなみに、違反駐輪を見かけた場合は、動哨中の警備員に連絡して「駐輪禁止」の張り紙をしてもらう。

ある日、私が監視業務についていると、巡回から戻ってきたツルッパゲの伴さんが隣に座った。

「高層階、異常なし」

「お疲れ様です」

これが、巡回者が戻ってきたときのルーティンのセリフだ。

伴さんは制服の帽子をとり、汗だくの頭をタオルでゴシゴシ拭いた。

伴さんは「沢登り」が趣味だ。通常、ビルの巡回はエレベーターで巡回ルートの最上階まで上がり、フロアを回ってから館内にある二つの非常階段のどちらかを下っていく。しかし、伴さんの場合は、もっとも下の階から非常階段を上っていくルートで巡回をしている。それはすべて「沢登り」のためのトレーニングだそう。だからいつも、巡回後は汗だくなのだ。

「見たか？　食べたぞ」

唐突に伴さんが言った。

「え？　何がですか？」

伴さんはエレベーターの中を映したカメラを指差した。

パンツスーツをバッチリ着込み、ショートカットを頭に撫でつけ、「できる女感」満載の女性がエレベーターに一人で乗っている。

「また、食べるぞ」

伴さんが言うと、女性は鼻の穴をほじり、鼻くそを取り出すと、しばし見つめてから、食べた。

「この人さ、こんなにキレイなのに、いっつも鼻くそ食うんだよ。見てるこっちが、なんだかいたたまれない気持ちになる」

私が驚いたのは、できる女がいつも鼻くそを食べていることよりも、伴さんが監視モニターに座って、一瞬にして「できる女の異常」に気づいたことだ。

ずっと監視モニターの前に座っていた私は、エレベーターに彼女が乗ったことすら気づいていなかった。ましてや、彼女が鼻くそを食っているなんて、知るよしもなかった。ベテラン警備員の伴さんの監視スキルに、驚いた出来事であった。

エレベーターには、乗客にわからないように監視カメラが設置されていることが多い。一人きりだからといって油断していると、警備員は見ている。

肉体的にボロボロになる25時間勤務の地獄

私がなぜ、グランドシティータワーに配属されたかわかった。

この現場は精神的にも肉体的にも「ハードな現場」だからである。私はこのとき26歳という警備員としては超若手だった。ここに配属されている10人の警備員もみんな30～40代で、警備員としては若手の部類に入る。

私の所属している警備会社の施設警備員の平均年齢は60歳を超えていた。70代の警備員も珍しくないのが業界の実情だ。

グランドシティータワーの警備業務は、基本は25時間勤務。朝8時から仕事が始まり、翌朝9時までビルの中に拘束される。毎日3人の警備員が25時間勤務をし、もう一人は8

時から17時までの日勤となる。つまり、日中は4人、夜間は3人の警備員がビルに常駐しているわけだ。

人手が足りないときは、25時間勤務後、さらに日勤(明残《あけざん》=明け残業)をすることも珍しくない。その場合、翌日の夕方5時までの33時間連続勤務をすることになる。

さらに人手が足りないときは、丸2日間勤務を続ける49時間連続勤務をすることもあった。労働基準法的には完全にアウトだろう。

25時間勤務の間に警備員は何をしているのか。トラブルや緊急対応がない場合は次のようなスケジュールが基本だ。

まず、朝8時に防災センターに出勤。朝礼や引き継ぎを経て、4人の当日勤務の警備員は、4パターン(A番・B番・C番・D番)のタイムスケジュールに沿って行動する。A～C番が宿直勤務で、D番が日勤者となる。

たとえば、AとBの警備員がビルの中を巡回しているとき、Cの警備員は防災センターで監視業務をし、その間、Dの警備員が昼休憩する、といったように、勤務中に自分がどう動けばいいのかスケジューリングされているのである。やることはどのパターンも基本的には変わらない。休憩や仮眠の時間が変わってくる。

25時間勤務中、「監視」「巡回」「動哨」が、日中は4人、夜は3人の警備員で繰り返されていく。これが基本のスケジュールである。この間に、閉館（すべてのエントランス扉の施錠・エスカレーターの停止）や開館（それらの解錠・起動）、出社時に混雑するエレベーター前での人の誘導など、細々とした仕事もある。

いずれにしろ、1日が「何事もなく」終われば、監視モニターを眺め、敷地内を歩いているだけの平和な仕事だ。

しかし残念ながら、4年間の警備員生活のなかで、「何事もなかった1日」は一度もない。グランドシティータワーには企業だけでなく、1階から3階、そして最上階や離れの建物には店舗やレストランもあり、さまざまな人が出入りしている。人の出入りが増えれば、それだけトラブルが発生する可能性が高い。

もちろん、25時間勤務なので、休憩や仮眠時間は確保されている。昼と夜の休憩がそれぞれ1時間、仮眠時間は4時間確保されている。

仮眠時間は、夜7時から11時まで寝る人（A番）、夜11時から深夜3時まで寝る人（B番）、深夜3時から朝7時まで寝る人（C番）に分かれる。

ただし、シャワーを浴びたり、起きてから身支度をする時間を加味すると、長く寝られて3時間といったところだ。

C番は責任者クラスの人が担うため、私は主にA番かB番のスケジュールで仮眠をした。

慣れないころは夜7時に寝ることがどうしてもできず、25時間一睡もしないことがよくあった。仮眠できないまま、深夜の巡回や閉館・開館作業をしていると、朝方には体がフラフラになってくる。

深夜2時、外構部の巡回を終えて、防災センターで監視業務をしている隊長の宮崎さんに、「外構部、異常ありません」と報告する。

この時間は防災センターに二人で待機するスケジュールとなり、宮崎さんの隣に座って監視モニターを眺める。

「眠たかったら、寝ててもいいよ。がんばってるからね」

宮崎さんが言った。

「はじめのうちは体がきついけど、徐々に慣れていけばいいよ。焦らずにいこう」

「はい」

「俺は警備になって10年になるけど、やっぱり最初の1、2カ月がいちばんきつかったな。でも、続けていけば、体内時計がだんだん24時間勤務モードになってくるから。だけど堀田くんは、夜は強そうだね」

「はい。前職でもよく徹夜していましたので」

「そうか。それは頼もしいな。まあ、その年で警備員になるのは、いろいろ思うところがあるんだろうけど、案外悪くないよ、この仕事も。こうやって監視モニターをボーッと眺めることが苦じゃなかったら」

と宮崎さんは笑った。

深夜2時、警備員となった私は、明かりが消えて真っ暗になっている監視モニターの映像を眺めながら、この人の下でなら続けられるかもしれない、と思った。

警備員を続けるための「宿題」

警備員になって2週間ほど経ったころ、宮崎さんから一つの宿題を出された。

それはビルや敷地内にある企業や店舗の名前と、その場所を覚えること。

グランドシティータワーには大小あわせて100を超える企業や店舗が入っている。2週間、先輩警備員と一緒に敷地内を巡回し、外資系の企業の多さに驚いていた。それらは、「なんとかキャピタル」だとか「なんとかパートナーズ」だとか、カタカナの似たような名前をしている会社が多く、それが何階のどのエリアにあるのかまで覚えなければならない。難儀しそうだ。

もともとがマジメな性格にできている私は、勤務時間中にすべてを覚えるのは難しいと

判断し、休日を使って勉強することにした。

警備員は25時間勤務である代わりに、1回出勤すると、翌日は「明休《あけきゅう》」、翌々日は「公休《こうきゅう》」となるのが基本。つまり、月に10日しか出社しないのである。自由になる時間は、ほかの職と比べ物にならないくらい多い。

明休で午前10時ごろに帰宅した私は、菜々ちゃんが用意してくれていた朝食を食べて、ビールを飲んで眠る。菜々ちゃんはバイト先の出版社で働いている。のんちゃんは3駅離れた保育所で遊んでいる時間帯だ。

昼すぎに目覚めた私は、ビルの図面とテナント名を照らし合わせながら、会社名を声に出したり、ひたすら書いたりと、受験勉強のようにひたすら記憶していった。

夕方にのんちゃんを連れて帰宅した菜々ちゃんは、記憶作業に熱中している私を見て、何か言いたそうだったが、何も言わなかった。

もしかすると、「本当に警備員を続けていくつもりなの?」と言いたかったのかもしれない。

18歳で映画業界に入るため富山から上京してきて、21歳で結婚して母になった彼女だが、数年前までまさか自分が「警備員の妻」になるとは想像もしなかったことだろう。

しかし彼女の夫は、いま紛れもなく警備員であり、警備員を続けるための「宿題」を必死にこなしているのである。


それから数日後、ビルのテナント名の記憶テストが行なわれた。結果は満点だった。これはグランドシティータワーの警備員史上、初めての快挙ということだった。

宮崎さんはそのことを警備員のみんなに発表し、私は「頭のいいキャラ」として認知されるようになった。

頭のいいキャラは、時として肉体労働の現場で煙たがれることがよくある。

そこで私は、積極的に「エロ本を作っていた」「動画にも出演したことがある」ことを同僚にアピールしていった。

深夜の時間帯、防災センターには「警備」と「設備」しかいない。雇い主である「管理」はふつうのサラリーマンと同様に、朝に出社して夕方には退社する。

それゆえ、夜は「雇い主」「雇われ主」の上下関係がない者同士の、気楽な会話を楽しめるようになる。

そんな深夜の時間帯にする私の「エロ本話」は、ことのほか防災センターの面々にウケた。

結果として私のあだ名は、「ダンちゃん（男優からとって）」となっていた。

このように、「頭のいいキャラ」でありながら、エロ話にも乗ってくる「気のおけないやつ」であり、仕事への態度は「マジメ」であることが徐々に伝わり、私は早い段階で、警備員の一員として受け入れられるようになったのである。

私はテナント名の記憶テストの結果を、菜々ちゃんに嬉々として報告した。だが、菜々ちゃんは興味がないようだった。

私はそのことが少々、不満だった。

もっとも緊張する仕事 解錠依頼って何？

深夜の低層階の巡回を終えて、館内のエスカレーターを停止し、エントランスの自動ドアを施錠すると、ビルは「閉館」になる。

私がひととおりの作業を終えて防災センターに戻ると、受付窓口で副隊長の井上さんと、スーツを着た男性が話している。男性は憤っている様子だ。

「だから！　カードは会社の中にあるって言ってるだろ！　一緒に中に入って、確認すればいいだろうが！」

「お客様、しかし、これが当館の規則ですから」

「ふざけんなよ！　とんでもねえビルだな！」

「……申し訳ございませんが、規則なので」

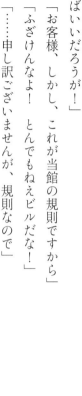

スーツを着た男性は舌打ちをして、後ろに立っていた私を押し除けるようにして、防災センターを出ていった。

何があったのか、恐る恐る井上さんに聞いてみる。

「解錠《かいじょう》依頼。セキュリティーカードを中に置いたまま、締め出されちゃったんだよ。そうか、堀田くんはまだ、解錠依頼、経験していないんだね」

解錠依頼。それはグランドシティータワーの警備員が、もっともクレームを恐れる仕事である。

入居しているテナントは、入り口扉を日中は「解錠（鍵をかけない）」に設定していることが多い。しかし、夜の時間帯から「自動施錠」に変更していることが多く、セキュリティーカードを持たないまま外に出てしまうと、鍵がかかって中に入れなくなってしまうのだ。会社の中に誰かがいれば、連絡して中から開けてもらえばいいが、最後の一人の場合はそうはいかない。その結果、防災センターに「開けてくれ！」と駆け込んでくるのである。

「中にカードがあるのに開けられないんですか？」

私は井上さんに聞いた。

「うん。規則ではそうなっている。解錠するためには、まず、この解錠依頼書に記入してもらうでしょう。それから、この『緊急連絡先』リストをロッカーから持ってくる。ここにはすべてのテナントの『緊急連絡先』が3人載っている。そうしたら、俺たちはこの人たちに電話する。1番目が出なかったら、2番目、3番目と電話していく。電話に出たら、解錠依頼がある旨を伝えて、緊急連絡先の人と依頼者を直接電話で話させる。そうやって、解錠の依頼者が本当に会社の社員であることを確認してもらってから、ようやく俺たちは扉を開けることができるわけ」

「電話は深夜でもするんですか?」

「深夜でも休日でも」

「3人とも電話に出なかったら?」

「依頼者が望むなら、電話に出るまでかけ続けるしかない。たいていあきらめる人が多いけど」

実直でマジメな警備員である井上さんは、一つひとつ丁寧に教えてくれた。

「でも依頼者は、カードも身分証も、会社の中にあるんだから、腑に落ちないですよね……」

「さっきの人がまさにそう。ちょっと厳重すぎるんじゃないかなという気もするけど、あの人がそのテナントの社員かどうかなんて、俺たちにはわからないわけじゃない。仮に鍵を開けてしまって、実はそのテナントの社員じゃない、だなんてことが判明したら、それこそ、この現場そのものが飛ぶよ。

お客様の生命と財産を守る、これが警備員の役割だから、クレームを恐れて、マニュアルを無視しては絶対にいけない」

それでもまだ疑問が残った。

「仮に、依頼者が写真付きの社員証を持っていたら、どうなんですか？　その会社の社員だって明確ですよね」

「それでもダメ。だって、その社員証が偽造の可能性は否定できないじゃない」

警備員はそこまで厳格でなければならないのか……。

そして、警備の仕事が難しいのは、こうしてマニュアルに則って行動していれば問題ない、というわけにはいかないところである。

翌朝、管理の副責任者の小宮山さんが、警備の朝の引き継ぎにやってきた。昨夜の解錠依頼の対応について、テナントからクレームが入ったとのこと。至急、報告書を作成して提出しろとのこと。

「報告も何も、緊急連絡先に電話しなければ解錠できない、と言っただけです」

井上さんは小宮山さんに言った。

「言い方が悪かったんじゃないの？　先方、警備員が融通をきかせないとカンカン。あの人、取締役だよ。知らなかったの？」

「いや、取締役だったとしても、緊急連絡先に電話する必要がありますよね」

「それはマニュアルでしょう。私たちの仕事はサービス業でしょ。お客様を怒らせている時点で、それはもうミスなんだから、さっさと報告書よろしく。警備さん、もうちょっとうまいことやってよ」

小宮山さんは大げさにため息をついて去っていった。井上さんは苦虫を嚙み潰したような表情をしていた。

マニュアルどおりに行動するか、それとも融通を利かせるか、この二択は施設警備員をする人間がさまざまな場面で直面する大きな問題だ。

井上さんのような「マニュアル原理主義者」は致命的なミスは犯さないものの、ホスピタリティーが欠如していると指摘されることが多く、現場の管理さんの間では評判がよくない。

一方、警備員のなかには、マニュアルを逸脱して、「融通を利かせる」方にベクトルが向かってしまう人がいる。

私が現場に配属される前にここにいた山田《やまだ》さんという隊員は、今回と同じような状況で解錠依頼に応じてしまった。実は、その社員は会社とのトラブルで退職することが決まっていて、会社はその社員の営業時間外の入室を警戒していた。

そんな折、警備員の勝手な判断により、その社員が入室したことが判明。大クレームとなった。その結果、山田さんはこの現場にいられなくなってしまったのである。

あらゆる扉を開ける鍵を持つ警備員。しかし、鍵を使う判断は、警備員には許されていないのである。

ブロック侵入異常発生！そのとき警備員は!?

夜に巡回していると、ときおり防災センターからＰＨＳに連絡が入る。

何事かと出ると、「テトラコーポレーションでブロック侵入異常発生！　至急、現場に急行せよ！」のような指示である。

新人のころは、この「ブロック侵入異常」というただならぬ警報名にビビった。一刻も早く現場に急行しようとエレベーターに飛び乗り、エレベーターの到着が遅いときは階段を駆け上がったりして、現場まで急いだ。

このような緊急時のために、「テナント記憶テスト」が行なわれたのだと納得した。緊急事態が発生しているのに、「テトラコーポレーションってどこだっけか？」となっていたら話にならないからだ。

しかし、現場に駆けつけると、なんてことはない。ほとんどの場合がテナントの最終退室者によるカードの操作ミスである。最終退出のセキュリティーのセット後、きちんと扉が閉まっているか心配になり、何度も強く扉を引っ張って発報することが一番多い。

次に多いのは、自分が最終退室者だと思いセキュリティーをセットしたが（すると、すべての電気が消灯する）、実はまだ中に人が残っていて、真っ暗になって驚いた中の人が、中から扉を開けることで発報するパターン。

現場にいた人に事情をうかがうと、ほとんどがこの二つのパターンでことなきを得る。最終退出の方法をレクチャーして、警報をリセットしておしまいである。

「ブロック」という言葉は、「コンクリートブロック」を想起させるため、この警報に大げさな印象を与えていたのだろう。コンクリートブロックによってテナント扉が破壊されて何者かが侵入したような緊迫感を覚えたものである。「ブロック」が、各フロアの位置を示す「ブロック」を意味していることを知ってからは、この警報が出てもそれほど焦らなくなった。言葉のイメージというのは大きい。

ビルの中のテナントの扉や共用部の扉は、すべてが防災センターで遠隔管理されている。ちゃんと閉まっていない場合は「施錠不良」、本来閉まっている扉が開きっぱなしになっている場合は「開放」、登録が削除されたカードが使用された場合は「未登録カード使用」など、さまざまな警報がある。それらが出るたびに、動哨や巡回をしている警備員は現場に向かうように指示される。そして、開きっぱなしの扉を閉めたり、現場で困っている人に話を聞いたりと対応していく。

このようなテナントの扉に関する警報は日常茶飯事で、緊急事態というよりも、日常業務の色合いが強い。

私はここに書いたような話を、家に帰ると逐一菜々ちゃんに報告していた。菜々ちゃんは、「ふーん」だとか「へえ」だとか言うばかりで、やはり一切興味がないようだった。菜々ちゃんはというと、バイト先の出版社で編集の助手を任されたことを嬉しそうに話す。そのたびに私は、自分が置いてけぼりを食っているような気持ちになった。

もちろん、警備員の仕事は、私が自ら望んで、自ら選んだ仕事だ。菜々ちゃんに強制されたわけではない。ただ、「家族のため」に働いている自分を、認めてほしかった。ほめてほしかった。もやもやした感情を抱えたまま、私は「乗り掛かった警備員の船」に、しがみついてでも乗っていくしかなかった。

大パニック！ 午前4時「自動火災報知機」発報！

防災センターの警報で本気で焦るのは、「自動火災報知機（報知設備）の発報」である。ビルのあらゆる場所の天井には煙感知器や熱感知器が設置されている。これらが、正常の範囲を超えた煙や熱を感知すると、防災センターにはけたたましい警報音が鳴り響く。居眠りしている警備員も、自動火災報知機の警報で起きない人は絶対にいない。心臓が止まりそうになる警報音なのだ。私が勤務初日に聞いた警報はこれであった。

煙感知器や熱感知器が作動すると、自動的に煙感知器が作動した旨を伝える館内放送が流れ、ゆくゆくは避難放送に替わる。そのまま放置していると、スプリンクラーが作動し、防火扉が作動し、火災を消すための設備が一斉に動き出してしまう。

もちろん、本当の火災なら、これらの設備が正常に作動してもらわないと困るのだが、

警備員が考えることは「そんなものが自分の勤務中に作動したらシャレにならない。火災ではないことを確認して、すべての設備の連動をストップさせなければいけない」ということだ。

そのため、自動火災報知機が発報すると、警備だけでなく、設備さんも管理さんも一体となって、現場まで猛ダッシュする。このとき、すべての扉を開けることができるマスターキーを絶対に忘れないようにしなければならない。いちおう、ポーズとしてヘルメットをかぶり、消化器を持っていくのもルールだ。

現場に到着すると、たいていが工事中に粉塵《ふんじん》が舞い上がったり、空調設備から蒸気が漏れていたりなどが発報の原因である。

そこで誰もがホッと胸を撫でおろし、「非火災!」であることを防災センターに連絡する。防災センターはすべての防災設備の連動を切ることができる。

日中は管理さんがいるため、警備だけに責任が問われるわけではないが、夜の時間帯は警備と設備だけですべての対応をしなければならない。

私は一度、警備責任者が仮眠に入っている深夜4時ごろに、自動火災報知機が発報したことがある。そのとき、防災センターにいるのは私一人だけだった。

私は監視モニターの席から、自動火災報知機まで駆けつけ、そこには自分しかいないのに、

「23階、煙感知器13番発報！　現場急行！」

と叫んでいた。

叫んだものの、そこには私しかいなかった。いつも隣にいる設備さんは、深夜の修理作業に向かっていた。

私はパニックに陥りそうになった。

まずは呼吸を整えて、すべきことを整理した。煙感知器13番の位置を、画面に表示された見取り図を見て、正確に把握した。バックヤードの空調機械室の中だ。

それから、外構部を巡回している伴さんのPHSに連絡した。しかし、つながらない。外構部の一部は電波が届きづらく、つながらないことが稀にあるのだ。

またパニックになりそうになった私は、修理作業をしている設備の笠原《かさはら》さん（26）のPHSを鳴らした。煙感知器発報の旨を伝え、すぐに現場に向かってもらった。

そして、地下2階の警備控室につながっている「緊急呼び出しボタン」を押した。これを押すと、警備控室でけたたましいサイレンが鳴り響く。仮眠中の宮崎さんには申し訳な

いが、至急駆けつけてほしい。

宮崎さんは寝巻きのTシャツ姿で防災センターに走ってきた。

「どうした？」

「23階で煙感知器発報です！」

「誰が行ってる？」

「笠原さんが行ってます」

「堀田くんも行って」

「はい！」

と私が行こうとすると、

「マスターキー、忘れないで！」

と指示された。私はマスターキーを握りしめて、23階に向かった。

23階のバックヤードに着くと、笠原さんが電話をしながら小さなシャフトの扉の前に立っていた。

「あ、ダンちゃん、来ました」

笠原さんが持っている鍵では開かない扉の中が現場だった。マスターキーで鍵を開けて中に入る。

「火事ダァ！」

笠原さんが叫んだ。

「どこですか⁉　消火器、持ってきますか⁉」

私はテンパリまくり、設備機器のパイプにつまずいて転倒してしまった。

それを見て、笠原さんは腹を抱えて笑っている。

どうやら、火災ではないっぽい。

「あー、これだ。これっす」

と笠原さんは蒸気が漏れているように見える設備機器を指差した。

「やばいですか？」

「いや、大丈夫。とりあえず非火災って伝えといて」

そう言うと、笠原さんは修理を始めた。

私は防災センターの宮崎さんに、「非火災」を伝えた。館内放送は流れず、スプリンクラーや防火扉は作動しなかった。私は胸をホッと撫で下ろした。にしても、笠原さんの悪い冗談には心臓が止まりそうになった。

このときの私の対応は「及第点」を与えられた。外構部にいた伴さんをなぜ呼び出さなかったのかと管理さんに指摘されたが、事情を話し、これをきっかけに電波状況のいい新しいPHSが導入されることになった。

火災報知機の発報への対応は、何よりもスピード感が求められる。本当に火事だった場合、警備員が率先して消火活動をしなければならない。

この日の勤務後、私は帰りの電車の中で放心状態だった。警備員になって早2カ月が経とうとしていた。当初予定していた「がんばらなくていい」「気楽」「頭を使わなくていい」仕事とは、警備員はあまりにかけ離れている。緊張感やストレスはほかの仕事と同じように、いやそれ以上にあるかもしれない。

にもかかわらず、給料は時給1000円計算で、深夜手当などがついても、手取りで月16万円にしかならない。こんなにカラダがボロボロになってまで、続けるべき仕事なのだろうか……。

ただ、ようやく仕事内容も理解し、人間関係も安定してきた頃合い。

「どこにでもある普通の家庭」を築くために、今の私にできるのは、警備員を続けることだけである。

真夜中の訪問者たち

深夜の高層ビルには、さまざまな人がやってくる。

グランドシティータワーの閉館時間は午前2時なので、それより前の時間なら誰でも自由に出入りができる。

閉館時には、館内に残っている人に退館をお願いする。

1階のロビーのソファーには、閉館時に私と同年代のホームレスの男性が座っていることがよくあった。見た目にはホームレスとすぐにわからないが、近づくと酸っぱい強烈な匂いが漂ってくるため間違いない。

真冬にホームレスを外に追い出すのは、つらい仕事だった。これからどこに行けばいいのかと心配になる。

けれど、追い出さなければならない。

監視モニターにはホームレスの姿がバッチリ映っている。もし放置をして、警備員がホームレスの滞在を黙認していたことが判明すれば、職務怠慢として追及を免れない。

私はホームレスに近づき、「閉館時間ですので、退館をお願いします」と言った。

すると、ホームレスは私の目を見ないまま、何も言わずに外に出ていった。

彼はこのビルが午前2時までなら滞在できることを知った。その後もしばしば姿を見かけたが、午前2時になると自主的に退館するようになった。

彼は、金曜と土曜も午前2時に退館していた。金土は最上階のバーが午前4時30分まで営業しているため、閉館時間もそれに合わせている。そこで私は、出ていこうとする彼の背中に、「金曜と土曜は4時30分まで大丈夫ですよ」と声をかけた。

すると彼は、立ち止まって振り返ると、私の目を見て「ありがとう」と呟いた。

酔っ払いも、ビルの中に残ってしまうことが多い。

その日は、エントランス近くのソファーに若い女性が眠り込んでいた。女性というのがややこしい。肩を揺するなど不用意に体に触れて、のちのち「警備員にセクハラされた」などと訴えられたらたまったものではない。実際、そのような事例は数多く報告されている。

私は大声で、「起きてください！　ビルを閉めますよ！」と叫んだ。

しかし、むにゃむにゃ言うばかりで起きる気配がない。

そこで、ソファーを揺らす作戦に出た。これなら、体に触れずとも起こすことができるかもしれない。

後ろからソファーの背もたれをつかんで前後に動かしていると、あろうことか女性はソファーから転がり落ちた。そして、ゴンッと頭を床にぶつけた。

「いったぁ〜い」

と女性は目覚めた。

やばいと思った。これはセクハラどころか、暴行罪に当たる。

「ひっどーい！　暴力はんたーい」

女性は完全に泥酔している。胸元がはだけてブラジャーが見えている。

「すみません、お客様。閉館の時間ですので」

「はーい」

と言って立ち上がろうとすると、女性はよろけて私に抱きついてきた。

もうこうなったらと覚悟を決め、私は女性と密着して歩きながら、タクシー乗り場に連れていった。

「お気をつけて！」

と言い、タクシーに乗せる。

「バイバーイ」

と手を振りながら、女性は去っていった。

その瞬間、ＰＨＳが鳴る。ギクッとした。

「堀田くん、めちゃくちゃウケた。ソファーから転がり落としたでしょ」

防災センターの武藤さんからの連絡だった。

「すみません。見ていましたか」

「しかも、超抱きつかれてたじゃん。うらやましいなあ」

「めちゃくちゃ酔っていました。疲れました」

このように、警備員は、警備員の行動をも見ているのである。

もし酔っ払いの酔いが醒めて、「警備員に抱きつかれた」と防災センターにクレームが入ったらどうしよう。が、それはもちろん杞憂だった。

美人に抱きつかれてラッキーだった夜の出来事である。

設備さんと清掃さんは警備員の仲間!?

閉館後の深夜2時すぎは、警備員も設備員も夜の業務を終えて、防災センターに集まってくることが多い。集まるといっても、警備員も設備員も一人は仮眠中のため、あわせて4人である。

気の合うメンバーが揃ったときは、監視モニターの周辺に座りながら、まったりとしたトークタイムが始まる。

その日は、ツルッパゲの伴さんと私、設備員は笠原さんと福田《ふくだ》さん(26)というメンバーだった。笠原さんと福田さんは私と同じ年齢ということもあり、職種は異なるが同じ職場で働く仲間として、何かと親切にしてもらっていた。

「……女王様にも経験が必要だ……」

なんの前触れもなく、監視モニターを見つめていた伴さんが口を開いた。

「……」

私は、ひとまずそのセリフはスルーした。

「伴さん。堀田さんが、女王様に興味があるって言っていましたよ」

警備員と背中合わせに座っていた笠原さんが、イスを移動させて、こちらを振り返る。

この人はほんと、てきとうなことを言って。

「えっ、堀田さんもそっち系の人なんですか?」

と、伴さんの近くに福田さんもやってくる。そっち系の人とは?

伴さんは、26歳の若手メンバー3人に囲まれながら、SMクラブで女王様に虐められる快感について、監視モニターを見つめながら話し続ける。

それによると、伴さんは亀甲縛りは好きではなく、M字開脚で縛られるのが好きだそうだ。そのとき、手足だけでなく男性器も縛ってもらうことが大切だという。

聞かされるメンバーは半笑いになりながら、それでも年長者をシカトするわけにはいかず、「へえ」とか「マジっすか」などと相槌を打ちながら聞いている。これに伴さんも気をよくして、

「そして私はロウソクプレイを愛している……」

「……熱くはないんですか?」

どうでもいいと思いながら笠原さんが礼儀として尋ねる。

「融点が50~60度の低温ロウソクという火傷の危険が少ないロウソクを使う。だから大きな火傷はしない。しかし、熱いのは確かだ。ロウを垂らす位置が近いほど熱く、遠くであるほど冷める。つまり、女王様の匙加減で、悶えるような熱さも、物足りない焦《じ》れったさも味わえる。これがいいんだ! わかるか、ダンちゃん」

ダンちゃん、とは私のことだ。まったくわからなかったが、「なんとなく」と答えた。

「警備員になる人って、もしかしてマゾの人が多いんですかね?」

と福田さんが笑った。

何気なく発した福田さんの言葉は、真理をついていると思った。

警備員は、管理やテナントのお客様の言うことには絶対服従である。絶対服従するためには「奴隷根性」がなければ務まらない。怒られたり、バカにされたり、歩かされたり、立たされたり、といったことに、何かしらの「快感」を覚えなければ続けられないのだ。

それはもしかすると、「マゾ」ということなのかもしれない。

深夜2時すぎは、こんなどうでもいい話をずっとしている。もちろん、「馬が合わないメンバー」が揃うこともあり、そんなときは終始無言か、それぞれが勝手なことをやっている。

私は、すべての警備員や設備員と良好な関係を築けていた。でも、深夜の会話のなかで思うことは、「やっぱり警備と設備は違う」ということだ。

設備さんは、同じ防災センターに勤務しているが、電気工事系の資格を有しており、いわば「職人」的な存在である。管理も設備さんに技術的なことを尋ねたり教えを乞うたりすることが頻繁にある。それゆえ、両者は名目上は「雇い主」「雇われ主」の関係にありながら、同じ仕事をしている「仲間」のような感覚がある。

一方、警備員のしていることは、誰でもできることの「代理」である。本来なら自分ですればいいことを、そんなバカでもできる仕事は下請けに丸投げだ、だいたい恥ずかしい制服も着たくないし、というわけである。これは被害妄想でもなんでもなく、「警備」とは、もともとそういう職種なのだ。実際問題、警備員がやっている仕事は、今日から設備員だってできる。

設備さんと話していると、ときどき、この人たちは「何かに挫折してここに来た」のではないことに気づかされる。高校や専門学校、あるいは大学で、電気や機械系の勉強をし、新卒での就職先として「設備」を選んだ人たちなのである。

そういった意味で、「挫折して流れ着いた人」の集まりである警備員とは、同じ職場で働いている「仲間」でありながら、見えない「壁」のようなものを感じていた。彼らには未来がある、俺たちには未来なんてない、俺たちこそ「底辺の職業」なんだと……。口に出さなくても、心のどこかで、多くの警備員がそんな風に感じていたに違いない。

そんな「底辺の職業」と自認している警備員が、自分たちより「下」だと捉えている職業、つまり「最底辺の職業」だと思っている仕事がある。

それが、清掃員だ。

自分たちは「奴隷」だけれども、頭を使わなければ務まらない「人間の仕事」をしている。それが清掃員はどうだ？　毎朝出勤したら、ゴミを集めて、床にモップをかけ、手すりを雑巾で拭いて、トイレの便器を磨いているだけではないか。脳味噌を1グラムも使わなくてもできる「動物の仕事」だ。

現に、彼らや彼女らは、防災センターの一員ではない。地下2階の清掃控室しか当てがわれず、シミや汚れにまみれた汚臭を発する作業着を身にまとって、毎日毎日ひたすらビルの掃除をしているだけだ。

清掃こそ「最底辺の職業」。警備はそれよりも「上」だ。

もちろん、こんなことを口に出す警備員はどこにもいない。ただし、心のどこかで、「あの人たちより自分の方がマシ」という意識がなかったかといえば、それは嘘になる。

実際問題、私は4年間、グランドシティータワーで働きながら、清掃員のメンバーとして覚えている名前は「ジョージ」だけだ。そのほかにも、数十人の清掃員が日々ビルを清掃していたというのに、私は彼らの名前を覚えず、「清掃員」という記号で認識していた。

それは心のどこかで、清掃員という仕事を見下していたからにほかならない。

人の名前を記憶しないということは、その人の存在を侮辱しているということだ。

私は、自分にはそんな欺瞞と差別心があることを今でも思い出して、自戒するようにしている。

エスカレーターとエレベーターの故障は日常茶飯事

グランドシティータワーには、1階から3階までに6台のエスカレーターがある。3階までは誰でも自由に出入りできる飲食店などの店舗があるため、テナント社員以外にもさまざま人がエスカレーターを利用する。

また、ビルの外には離れの店舗があり、これらの店舗に行くためのエスカレーターが2台ある。さらには、ビルに隣接した公園に向かうためのエスカレーターも2台ある。この4台は屋外にあり、雨ざらしだ。

つまり、警備すべき敷地内には合計10台のエスカレーターが存在する。

エスカレーターは午前7時の「開館」の前にすべて起動する。

そして、すべての店舗が閉店する深夜2時（金曜と土曜は深夜4時30分）の「閉館」のときに停止する。

エスカレーターの起動や停止作業は、警備員の仕事である。

エスカレーターを起動するには、手すりが引き込まれていく部分の下部に起動スイッチがあり、そこに専用の鍵を差し込んでひねればいい。左側にひねるとブザー音が鳴り、右側にひねるとエスカレーターは動き出す。

ルールとしては、ブザー音を鳴らして周囲に注意喚起してから起動させることになっている。

起動後はおよそ1分間、異常なく運転するかエスカレーターの前に立って確認しなければならない。異常音や異常な動きはないか、ステップなどに破損がないかをチェックする。

エスカレーターは、手すりが引き込まれる部分やステップに大きな衝撃が加わると緊急停止するように設定されている。

どの程度の衝撃度で停止するかは、施設によってまちまちだ。

駅のエスカレーターは、多少の衝撃があっても止まらないように設定されている。

一方、安全を何より重視しているグランドシティータワーのエスカレーターは、ほんのちょっとでも本体に衝撃が加わると止まるように設定されていた。

荷物を積んだ台車が本体にぶつかった、ステップに勢いよく飛び乗った、などで簡単に停止してしまう。

すると、防災センターには緊急停止を知らせる警報音が鳴り響く。ここまで、さまざまな警報があることを紹介してきたが、警報音は種類によって音色が異なる。そのため、慣れてくると音だけでなんの警報なのかわかるようになった。

エスカレーターが止まってしまうと、現場までダッシュすることはお伝えしたとおりだ。

また、エスカレーターと同様に、高層ビルにはエレベーターもたくさん存在する。グランドシティータワーは、高層階（45階〜32階）用エレベーターが5台、中層階（31階〜15階）用エレベーターが5台、低層階（14階〜1階）用エレベーターが5台、業務用エレベーター（地下3階〜屋上もしくは45階）が3台、さらに店舗来客用エレベーター（1階〜3階）が1台あった。ぜんぶで19台だ。

これらのエレベーターは、5つのメーカーのものが使われている。各エレベーターがどこのメーカーのものか、警備員は把握していなければならない。

すべてのエレベーターの運行状況は、防災センターで詳《つまび》らかに管理されていた。19台のエレベーターがいま何階にいて、通常運行をしているか否かがすぐにわかるようになっていた。


私が警備員をしていた時期は、東日本大震災が起こる前後だった。防災センターには緊急地震速報が頻繁に鳴り響き、その後、大きな地震だとビルに設置されている地震計が反応し、ビルの震度が発表される。

震度が大きいと、エレベーターは最寄りの階に緊急停止する設定になっている。ことなきを得て時間が経てば、通常運行が始まる。しかし、ときおり緊急停止後、再起動がかからないエレベーターもある。

もし、地震やそのほかの故障によってエレベーターが緊急停止すると、エスカレーターの場合と同様に警報が鳴り響く。

すると警備員は、即座に該当のエレベーターにつながっている通信機の受話器をとり、中に人がいないか声がけをする(監視カメラが設置されていないエレベーターもある)。

万一、人の閉じ込めがあった場合、警備員は即座にエレベーター会社に連絡し、救出をお願いしなければならない。

このとき、もし「エレベーター18号機」のメーカーがどこのものなのか、東芝なのか、三菱なのか、日立なのか、フジテックなのか、オーチスなのかわからないと大変なことになる。三菱のエレベーターなのに、フジテックの業者を呼んだ、なんてことになれば、大問題になるだろう。

実際、かつてそんな警備員がいて、管理から出入り禁止を言い渡されてしまったらしい。

とはいえ、エレベーターが止まってしまったとき、警備員がすることは業者を呼ぶこと、中の人に通信機の受話器で声がけすること、これくらいしかできない。

私は一度だけ、深夜に業務用エレベーターが故障し、飲食店の女性店員が一人で閉じ込められてしまった現場に遭遇した。

女性店員は閉じ込められたエレベーターの中でひどく狼狽していたので、通信機を通じて定期的に声がけをした。

エレベーター会社の到着に30分ほどかかり、結局救出までに1時間もかかってしまったが、後日、女性店員はわざわざ防災センターまで「警備員さんが話しかけてくれていたので安心することができました」とお礼を言いにきてくれた。

警備員が仕事で感謝されることはほとんどない。しかし、親切な対応をし、それが相手に伝わり、感謝される。これだけのことが素直に嬉しく、これは雑誌の編集プロダクションにいたときには味わえなかった仕事の「やりがい」だった。

仕事にどんな「やりがい」を求めるのかは人それぞれだろう。

私は警備員という仕事を通して、「感謝される」ということが、仕事のやりがいにつながることを知ったのである。

朝のエレベーター誘導が終わり地獄から解放される

エントランスでの朝の立哨が終わると、25時間勤務の最後の仕事が待ち受けている。

ビルの14階は、誰もが知る巨大IT企業がワンフロアで入居しており、朝の8時30分を過ぎると、エレベーター待ちの行列ができてしまう。

それを緩和するために、この時間帯だけ業務用エレベーター1台が14階のテナントのために貸し出されていた。

時間になると、警備員は14階に向かう低層階用エレベーターの乗降フロアの前に立つ。そこで低層階用のエレベーターが到着した場合は、そのままお客さんをそのエレベーターに案内する。

するといま度は、ＰＨＳが「プルプル」とワンコールされる。

これが、業務用エレベーターが到着した合図だ。

もう一人の警備員は業務用エレベーターに乗り込み、専用運転モードに切り替える。専用運転モードにすれば、そのほかの階でエレベーターを呼び出すことができなくなる。ＰＨＳの鳴動は、もう一人の警備員からの「業務用エレベーターに人を流せ」という合図なのだ。

ＰＨＳが鳴った瞬間、私は「奥のエレベーターにお進みください」と、14階の社員を業務用エレベーターに案内する。

この一連の業務は、「エレベーター対応（誘導）」と呼ばれていた。

エレベーター対応の難しいところは、低層階用エレベーターが複数台同時に到着し、さらにその瞬間、ＰＨＳが鳴るときだ。

この時間帯のエレベーターは人が乗らないとすぐに扉が閉まって上に向かってしまうため、複数台同時に到着すると、1台を逃してしまう危険性があるのだ。

だから、警備員はすばやく移動して、エレベーターの扉の閉鎖をブロックしなければならない。

それをしないまま業務用エレベーターに案内するのを優先してしまうと、目の前のエレベーターが到着しているのに、なぜか20メートル先のエレベーターまで歩かされた、というクレームが発生しかねない。


エレベーター対応は警備員がテナント社員を目の前にする数少ない業務の一つだ。社員たちは早く出社しなければとイライラしている人もおり、もし、エレベーターを取り逃がしてしまうようなミスをすると、露骨に舌打ちする人もいる。

また、業務用エレベーターは最大で20人程度しか乗れない。「奥にお進みください」と言ったままスルーしていると、25人くらいそのまま進んでしまい、最後の方の人が乗り切れない、という事態も起こる。その場合は、低層階用エレベーターまで戻ることになり、急いでいる人はブチ切れることもある。

それを回避するために、業務用エレベーターに案内するときは、20人以下で打ち切らなければならない。私は軽く手のひらを見せて、「ここまでです」のポーズをとる。

のちに私の後輩になった小野《おの》さんは、20人で打ち切る際に、バスケットボールのスクリーンアウトのように両手を広げて人の流れをブロックしていたらしい。「あいつはなんなんだ」とすぐにクレームが入ったことはお察しのとおりだろう。

このように、エレベーター対応は、なかなか骨の折れる仕事なのだ。

警備員は、すでに24時間勤務を終えていて、1時間の「残業」としてエレベーター対応をしている。肉体的にはボロボロ。エレベーター間を駆け回りながら、早くこの時間が終わってほしいと願っている。

エレベーター対応が終わると、すでに防災センターでは、朝礼と当直長（その日の警備責任者）による引き継ぎが終わっている。

ここまできて、ようやく防災センターから解放されるのだ。時刻は午前9時ごろ。エレベーター対応があるため、勤務時間は25時間になるわけだ。

警備控室に戻り、私服に着替えると、誰もが晴れやかな顔をしている。仮に今、火災報知機が鳴っても、エスカレーターが故障しても、焦って駆けつける必要がない。

この解放感はなんともいえない嬉しさがある。警備の「やりがい」と言っていいかもしれない。

「堀田くんも、これからスロット行かない？」と、明休に必ず朝飲みやパチスロに誘ってくる中堅警備員の住吉《すみよし》さん（37）に、「行かないです」と冷酷に言い、私は警備控室を出た。

エントランス付近で動哨している武藤さんに会釈をし、グランドシティータワーから脱出する。

（俺は自由だ）

このときほど、自由を感じるときはない。このビルが燃えようが、窓ガラスが割られようが、地震で倒壊しようが、100万円の落し物があろうが、業者が騒音作業をしていようが、私にはなんの関係もない。

なぜなら、警備服を脱いだ瞬間、私は警備員ではなくなるからだ。


午前の下りの京王線はガラガラだ。

ゆったりと座席に座り、穏やかな日射しにまどろみながら、早く家に帰りたくて仕方がない。今日は休み、明日も休み。メールアドレスなど持たない警備員には、仕事のメールが届くなんてことはない。もちろん電話もかかってこない。25時間勤務の苦痛を耐えれば、圧倒的な自由が手に入る。

これこそ、自分が求めていたものではないか？

やはり警備員は、天職なのではないか？

稲城市のアパートに帰ると、菜々ちゃんが作ってくれた「スパゲッティ」がテーブルに置かれていた。マヨネーズとケチャップとチーズを絡めただけの、菜々ちゃんの得意料理だ。菜々ちゃんは今日、アルバイトに行っている。

私はカロリー高めのスパゲッティをつまみにしながら、缶ビールを2本飲み、気絶するようにベッドに倒れる。

起きると午後4時、すでに日が傾いている。

私は身支度を整え、再び京王線に乗って、3駅離れた若葉台駅に向かう。

若葉台にはのんちゃんを預けている保育所がある。

私は、警備員ではない「私」に戻って、保育所のインターフォンを鳴らす。

「堀田のんを迎えにきました」

扉が開くと、友だちとオモチャで遊んでいたのんちゃんが、パッと顔を輝かせる。

ダダダダッと走ってくると、自分で下駄箱からクツを取り出し、「抱っこして」のポーズをしてくる。

私はのんちゃんを抱っこし、先生から荷物を受けとり、保育所を後にする。

夕日を浴びてオレンジ色に染まっている駅前広場を歩きながら、私はのんちゃんに言った。

「のんちゃんがいてくれるから、がんばれるよ……」

のんちゃんは、「何言ってんのかよくわかんない」という顔をしてから、「あい！」と、手に持っていたグシャグシャの折り紙を私に差し出した。

第2章

ほとんど苦労、ときどき楽しい警備の仕事

前職での挫折が警備員になる第一歩

雑誌の編集プロダクションを逃げ出す「挫折体験」をきっかけに、私は警備員になった。

私が出会った警備員たちは、例外をのぞいて100パーセントが中途採用で警備員になっている。例外とは、正社員として警備会社に入社した新卒の若者だ。彼らは研修という名のもとに1年ほど警備員をすることがあるが、いずれ現場を離れて私たちを管理する立場になる。だから「純然たる警備員」とはいえない。

隊長の宮崎さんは、もともと旅行会社でサラリーマンをしていた。しかし、「わけあって」30代のときに警備員に転職した。

武藤さんはデザイナーとして活躍していたが、「わけあって」3年前から警備員をして

いる。

副隊長の「マニュアル至上主義者」の井上さんは、不動産会社に勤めていたが、「わけあって」20代後半から警備員になり、10年以上キャリアを重ねている。

伴さんの過去は謎に包まれていたが、いくつもの職を経て、40代で警備員にたどり着いたのは確かである。

解錠依頼でミスを犯して現場を飛ばされてしまった山田さんは、もともと大手銀行のバンカーだったそうだ。巡回をサボってばかりいた体重120キロの野原さんは、居酒屋の雇われ店長をしていたという。

警備員になる人は、誰もが前職を「わけあって」やめて、警備にたどり着くのである。その「わけ」を聞くのは無粋だし、私も同じように「わけあって」編集プロダクションを逃げたにすぎない。

警備員になる人材で、唯一の例外は「自衛隊出身者」といえる。自衛官として働き続けるには昇任試験に合格していかなければならないため、任期が終わると民間企業への就職を選択する人も少なくない。警備会社は再就職先の選択肢になる。

グランドシティータワーにも、陸上自衛隊出身の警備員が配属されたことがある。レンジャー部隊に所属していたというから、どんな屈強な男がくるのかと思ったら、ガリガリ体型で分厚いメガネをかけている人だった。一見すると、明治の文豪のような雰囲気の人だった。彼はミリタリーオタクで、自衛隊に入隊したのも趣味の範疇だったと聞いた。彼は自衛隊時代に足を悪くしており、長時間歩くことが難しかった。そのため、巡回距離が長いこの現場からは、1カ月ほどで離れていった。

このように、「自衛隊出身」という例外はあるものの、ほとんどの人がまったく警備とは関係のない業種から転職してくる。その理由は、スキルや専門知識を一切持っていなくても、希望すればほとんど誰でも警備員になれるからである。

警備業務について定められた法律「警備業法」によると、警備員は「18歳以上」「犯罪歴がない」「自己破産していない」を満たせばなることができる。犯罪歴とは禁錮《きんこ》以上の刑を受けたか否か。ただし、出所して5年経っていれば警備員になることができる。自己破産者も「復権」という手続きをすれば警備員になれる。

つまり、18歳以上なら、大多数の人が警備員になる資格を有しているのである。

私の入社後、後輩にあたる警備員がたくさん配属されてはやめていった。

アニメの制作会社を逃げ出して警備員になった奥山《おくやま》くんには、私と同じように「のんびり暮らす」ために警備員を選んだような雰囲気や態度が見え隠れした。そのため、ベテランの警備員に忌み嫌われ、すぐに退職に追い込まれた。

システムエンジニアを3カ月でやめて警備員になった河村《かわむら》くんは、口数は少ないながらもマジメに仕事をこなし、ベテラン警備員たちのサポートを受け、警備員の一員として定着した。現在は、グランドシティータワーの警備隊長を務めているという。

奥山くんと河村くんに違いがあったとすれば、それは「やる気の有無」だけである。

誰だって、自分の職場が「腰かけ」だと思われると、いい気分はしない。そんな人間を助けてやろうと思わない。「出ていけ」と煙たがるのが人間というものだ。

奥山くんと同じように「のんびり暮らす」ために警備員になった私は、なぜ警備の人たちに受け入れられたのだろうか。

おそらく私は、必死に見えたのだ。妻子を養うという明確な働く目的があるため、「腰かけ」には映らなかった。そして実際、腰かけのつもりはなかった。

どんな職種でも同じだが、全力で努力を重ねていると、必ずどこかで見ていてくれる人がいるのである。

鍵！鍵！鍵！鍵を1本でも紛失したら死活問題

警備員はビルの鍵の管理も任されている。

ひと口に「鍵」といっても、高層ビルの中には「人が通る扉の鍵」だけでなく、さまざまな「設備機器の入口扉の鍵」も含まれるため、その数は膨大だ。

ざっとあげるだけでも、共用部扉の鍵、テナント扉の鍵、自動ドアの鍵、エレベーターの鍵、空調設備の扉の鍵、電気設備の扉の鍵など、実際に数えたことはないが、個別扉の鍵だけで、少なく見積もっても1000は超えるはずだ。

そして個別扉の鍵以外に、さまざまな種類のマスターキーが存在する。

空調関係の扉がすべて開く「空調マスターキー」、電気関係の扉がすべて開く「電気マスターキー」など、同種の扉にすべて対応するマスターキーがたくさん用意されている。こ

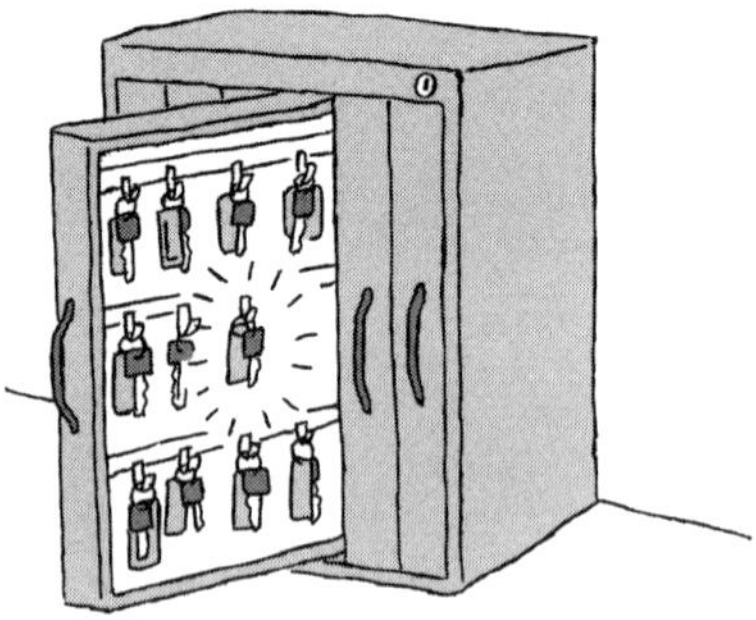

れらは個別マスターキーと呼ばれる。

さらには、テナントの扉以外をすべて開けることができる「グランドマスターキー」と、テナント扉をすべて開けることができる「テナントマスターキー」も存在する。火災警報が発報したら、必ずこの2本の鍵を持参する。この2本を持っていれば、ビルの中で行けない場所はどこにもないからである。

警備員は、管理さんや設備さん、外部の業者さんに、これらの鍵を貸し出したり、保管したりする役割を担っている。

「グランドマスターキー」や「テナントマスターキー」を貸し出すことは、緊急時以外まずありえないが、万一これらを紛失した場合、その損害額は億を優に超えるといわれている。なぜなら、すべての扉の鍵を交換しなければならないからだ。

その下ランクにあたる個別のマスターキーだと、損害額は下がるとしても、個人が賠償できるような金額ではない。

そのため、警備員は毎日、朝と夕方に、鍵の紛失がないかチェックをする。

マスターキーは2人1組になり、すべてのマスターキーが揃っているか、貸し出している場合は貸し出し台帳を確認して誰の手元にあるかを必ず確認する。

個別鍵についても、必ず朝と夕方に紛失がないかをチェックする。

ある日の夕方、私より少しだけ先輩の岩永《いわなが》さん（40）と一緒に鍵チェックをすると、「電気マスターキー」が1本見当たらないことが判明した。

貸し出し台帳を確認しても、誰にも貸し出した形跡がない。

岩永さんは「そのうち出てきますよ〜」などと呑気なことを言っている。この人はマイペースな天然系で一緒に働いているとほのぼのするのだが、緊急時にまでマイペースだから、こっちがヤキモキすることがある。岩永さんに頼ってはいられない。

私はその日の警備の当直長である住吉さんに、鍵紛失の旨を報告する。

住吉さんも、「またまたぁ」と余裕をかましながら、自身で鍵の所在を探す。しかし、やっぱり見つからない。

時間が過ぎていくにつれ、だんだん血の気が失せてくる。

「管理さんに、緊急で持っていっていないか聞いてまわりましょうか？」

「……いや、ちょっと待って」

住吉さんは、もし誰も鍵を持っていないことが判明したら、墓穴を掘ることになるのではないか、と警戒しているのだ。

「おっ、なんか警備さんがソワソワしてる。どうしたの？」

警備の不穏な動きを嗅ぎつけて、設備責任者の堀込《ほりごめ》さん（47）が近づいてきた。設備さんとは同じ職場で働く「仲間」とはいえ、別会社の人間だ。警備の致命的なミスが発覚すれば、即座に管理に報告するだろう。

「いえいえ、ちょっと勤務のことで」

と住吉さんは誤魔化す。

その後、住吉さんは前日勤務だった警備員に電話をした。朝の時点で「電気マスターキー」が確かにあったのか確認するためだ。電話に出た警備員たちは、朝には確実にあったと答えた。ということは、私たちの勤務時に鍵がなくなったことになる。

私は最悪の事態を想像した。賠償金が発生したとしたら、自分はどうなるのだろうか？警備会社は保険に入っているはずだ。しかし、自分も損害賠償を払わなければならないのかもしれない。人生、おしまいだ。

結局、「電気マスターキー」はどこにも見つからず、翌朝になった。

朝、住吉さんが宮崎さんに事情を説明する。すると、宮崎さんは、何をそんなに騒いで

いるのか理解できないといった風情で、

「貸し出した形跡がないなら、管理さんの誰かが持っているんじゃないの？」

と言った。

「でも、もし持ってなかったら、マズくないですか？」

と住吉さん。

「今、そんな仮定の話をしても意味ないでしょ」

宮崎さんは私に、これまでも何度か鍵を勝手に持ち出した「前科」がある、管理の久保《くぼ》さん（28）に鍵を所持していないか聞いてくるよう指示した。

久保さんに声をかけると、久保さんは「あっ、返すの忘れてた。ほい」と、電気マスターキーを渡してくれた。

これにて一件落着であった。

宮崎さんは、警備のミスを隠蔽したり誤魔化すことを極力嫌う。もしミスを犯したなら、それ相応の対応をするのみという考えだ。さすが江戸っ子だけあって、潔い。これだけ大きな現場の隊長を担うには、宮崎さんくらい肝が据わっていないと務まらないのかもしれない。

名前のない「警備さん」たち

防災センターで監視モニターを眺めているとき。

管理さんが警備に用事のあるときは、次のように声をかけてくる。

「警備さん、鍵、貸してください」

はじめのころは、新人の私の名前はまだ覚えてもらえていないのか、と思っていたが、どうやら違った。

座っているのが私でも、宮崎さんでも、武藤さんでも、伴さんでも、誰でも警備員の呼び名は「警備さん」なのである。

これはどういうことなのか？

毎日顔を合わせている警備員のそれぞれの名前を、管理さんが知らないわけはない。いや、もしかしたら知らないほど眼中にないのかもしれない。

私が清掃さんの個人名を知らなかったように。

なぜ、管理さんは警備をまとめて「警備さん」と呼称するのか。理屈をいえば、次のとおりだ。

すべての警備員は、誰もが同じ「警備業務」を求められている。誰が監視モニターの前に座っていても同じ監視ができなければいけないし、誰が巡回していても同じ巡回ができなければならない。24時間、スケジュールにそった同じ警備が行なわれるからこそ、安定したビルの管理運営ができるのである。

また、こうともいえる。

ある警備員ができること、ある警備員が知っていることを、別の警備員ができない、別の警備員は知らない、ということはあり得ない。

警備員の間に個性や能力差が生まれることは、24時間同じ警備ができないことを意味している。それはすなわち、テナントのお客さんに、24時間安定した警備サービスを提供できないというわけだ。

極論をいうと、24時間365日可動できる警備員が存在するならば、それがもっとも管理さんが必要とする警備員だといえる。つまり、警備マシーンだ。

警備マシーンに「個性」や「名前」は必要ない。ただただ指示する警備業務をしてくれる「警備さん」なら、誰でもいいのである。

理屈から考えると、管理の人が私を「警備さん」と呼ぶことは妥当だ。

だが残念ながら、私は「警備マシーン」ではない。人間なのである。

だから、「警備さん」と声をかけられるたびに、悲しい気持ちになった。つらい気持ちになった。

刑務所では名前を奪われて番号で呼ばれるというが、人間の尊厳を奪うには有効な手段なのだと思う。


そうはいっても、管理側も、特別嫌がらせの気持ちを込めて「警備さん」と言っているのではないことはわかった。それまでの習慣と、先輩たちの言い方をマネて、「警備さん」と呼ぶことに慣れてしまっているのだろう。

考えてみると、管理の若者たちも難しい立場なのだ。グランドシティータワーのディベロッパーは、都内に複数高層ビルを所有する巨大企業である。一流大学出身のエリートが設計部や企画部などの花形部署につき、高卒採用の彼らはビルの管理部として採用されている。言ってしまえば、「ビルの管理人」なのである。社内では肩身が狭いポジションなのだろう。

そんなとき、自分よりも下の立場にある「警備員」という中年に対して、勘違いしてしまう気持ちもわからなくはない。人は往々にして、自分よりも下の立場の人間に傲慢になってしまうものである。

私は中堅警備員になりつつあった。入社ほやほやの管理など、なんの権力もないことに気づいていた。そこで、ある実験をしてみた。

いわゆるチャラ男といった風情の管理・佐々木《さ さ き》（19）が、監視モニターの前に座っている私に、

「警備さん、鍵」

と言った。

私は無視した。なぜなら、私は「警備さん」ではなく、「堀田さん」だからだ。

佐々木は再度、「警備さん、鍵」と言った。

私は、完全に無視した。

佐々木は何かがおかしいと気づき、私の顔をのぞき込んで、

「すみませ〜ん。警備さん……あの……。堀田さん。鍵を借りたいのですが」

と言った。

私は、「あ、ごめん」と言って、ロッカーから目当ての鍵を取り出し、佐々木に貸し出した。

その日以来、佐々木は私のことを「堀田さん」と呼ぶようになった。


なぜ私にこのような強行突破ができたかというと、中堅警備員になるにつれ、私は管理さんの若手と仲良くなっていたからである。管理の小柳《こやなぎ》さん(25)、瀬名《せな》さん(23)、田中《たなか》さん(22)といった佐々木の上司にあたる人たちと、フレンドリーに話し、飲みに行ったりする仲になっていた。そういった「人間同士のコミュニケーション」をしていると、誰一人として私のことを「警備さん」と呼ばなくなる。

だから、このときもし、佐々木が管理内で私の悪い評判を広めたとしても、恐るるに足らず、だったのである。

警備員の腕の見せどころ工事業者との攻防戦

警備員の日常業務のなかで、意外と手間がかかるのが「出入《しゅつにゅう》管理」である。

グランドシティータワーほど巨大なビルだと、敷地内のどこかしらで毎日、工事や引越し作業などが行なわれている。空調や電気系統、通信系統の工事、室内のレイアウト変更工事、大きな家具の搬入、引っ越し作業、ゴンドラを使った窓拭き作業など、高層ビルに関わるさまざまな外部の業者が防災センターを訪れてくる。

その人たちの入館手続きをするのも、施設警備員の役割だ。

入館の手続きでは、事前作業届が提出されていない業者は、基本的には入館をさせることができない。事前作業届とは、作業内容、騒音の有無、鍵の貸し出しの有無などを記載した書類だ。作業日の前々日までに防災センターに提出しなければならない。提出された事前作業届は、警備から管理に提出され、管理の承認印が押されてはじめて有効になる。

警備員は、来館した業者が事前作業届を提出していることを確認し、再度当日の作業届に記載してもらい、入館証やセキュリティーカード、鍵の貸し出しを行なう。

管理自身がお願いしている、窓の清掃や共用部の工事を担う業者はこのシステムを理解しているため、事前作業届が未提出ということはまずない。

問題は、テナントが発注している工事である。

たとえば、室内に新しいデスクを搬入しようと、テナントの総務部が防災センターに報告しないまま作業をしようとするような場合だ。ちょっとした作業だから、特にオーナーには報告しないでいいだろうと考え、防災センターが把握していない業者がやってくることがときおりある。

こういったとき、事前作業届が存在しないため、警備員は入館を断らざるをえない。だが無下《むげ》に断ると、作業の発注者はテナントのお客さんである、「なぜデスクを搬入するくらいで大家に報告しなくてはならないんだ」と、クレームにつながる可能性がある。

しかし一方で、事前作業届が出ていない業者を警備員の判断で入館させ、万一その業者が「騒音トラブル」、電気系統の配線を切断するなどの「大事故」を起こしたら、その警備員は一巻の終わりだ。

つまり、業者の「出入管理」においても、「マニュアルを堅持するか」、状況に合わせて「融通を利かせるか」、が警備員の腕の見せどころになるのだ。

私は事前作業届のない業者が来館した場合、防災センターに誰かしらの管理がいれば、その人にすぐに相談に行く。

管理の責任者の海野《うみの》さん（50）がいれば、即座に海野さんに判断を仰ぐ。警備員は自分でジャッジをすることが許されていない分、どんなに些細なことでも管理に聞いてしまえば、責任を放棄することができるのだ。管理がそこで入館の許可をしてくれれば、業者が扉を破壊しようが、窓ガラスをブチ割ろうが警備員の知ったことではない。だって、ほらここに、管理さんのハンコがあるじゃないですか、という話になる。

施設警備員は、このようなずる賢さがなければ務まらない。この手法は武藤さんに教わった。武藤さんは、自分で判断することを一切放棄し、どんな些細なことでも、そこに管理がいれば判断を委ねていた。

たとえば、どう見てもゴミにしか見えないペットボトルのキャップ（アニメの主人公のミニフィギュアが付いている）を拾ってきて、それがゴミなのか拾得物《しゅうとくぶつ》なのか管理に判断を仰ぐ。そんなスタンスで仕事をしていた。あまりにそれが過剰なため、管理は武藤さんをウザがっていたが……。

しかし、事前作業届がなく判断に迷う局面では、管理に委ねてしまうことがもっとも簡単でミスを起こしにくい手法だといえる。

問題なのは、防災センターに一人も管理がいない場合である。

その場合私は、作業内容を詳《つまび》らかに確認する。荷物を搬入するくらいの作業なら、自分の判断で「融通を利かせて」、入館を許可してしまう。

インターネット関連の工事など、「なんかちょっとヤバイ感じがする」工事の場合は、マニュアルどおり断り、事前作業届を提出するようにお願いする。どうしても今日工事をしなければならないのなら、発注者の総務の方に防災センターに来てもらい事情を説明する。それで引き下がらないようなら、休日だろうと夜だろうと、管理に電話して判断を仰げばいい。

もちろん、私がこのような「盤石の出入管理」をできるようになったのは、警備員になって1年は経過してからである。最初のころはどうしていいかわからず、マニュアルどおりに断ってクレームになったり、入館させて階下から騒音クレームが来たりと、ミスを連発していたものだ。

業者が入館してから注意すべきは、粉塵による煙感知器の発報、そして騒音作業である。このビルでは平日昼間の騒音作業は禁止されており、巡回中に騒音を確認したら、その場で業者を注意しなければならない。

私は警備員のコスプレをしているようなチンチクリンのためか、イカツイ業者だとわりと舐められやすい。

私が騒音の注意をすると、「ご苦労様です」とふざけて敬礼のマネをされ、作業員全員に哄笑《こうしょう》されたこともあった。このような業者には、容赦なく管理に「チクる」ことにしている。

警備員は管理の「犬」ではあるが、そのことをネガティブに捉えず、「ご主人様」の力を借りることで、ビルのオーナーとしての権力を発動できる。

このときは、警備員が注意喚起した時間と回数を詳細に記録し、それにもかかわらず騒音作業を中止しなかった旨の報告書を詳細に作成し、管理に提出した。

その結果、その業者はグランドシティータワーでの共用部での作業から外されることになった。

しかし私は、あらゆる業者に騒音作業をやめさせていたわけではない。階下や階上のテナントからクレームが入っていなければ、感じのいい業者さんには「管理には内緒ですよ～」などと言って黙認した。平日昼間に騒音作業ができないということは、夜間か休日に業者は残業をしなければならないことを意味する。

その負担を少しでも軽減したいと思うのが、いつも同じビルで汗水垂らして働いている人たちへの人情というものだろう。

そう、結局のところ、人間関係がすべてなのだ。仕事をしている相手は人間なのである。マニュアル人間には警備員が務まらない。経験を重ねていくにつれ、そのことが見えてきた。

「お前、いま何してるの？」警備員であることの羞恥心

ここまで私は、警備員という仕事に「やりがい」を感じるような書き方をしてきたが、現実には私は、自分が警備員であることが恥ずかしかった。

26歳から29歳までの4年間、私は家族以外に、自分の仕事が警備員であることを隠していた。

知人や友人に会うと、「お前、いま何してるの？」という会話になることは必至である。だから、あらゆる知人や友人と連絡を絶った。

なぜ、それほどまで警備員であることが恥ずかしかったのか？

プライドが高かった、に尽きる。

「自分は本来、警備員をしているような人間ではない」「警備員は世を忍ぶ仮の姿」というような意識が、言葉にしなくても心の片隅にあったのだと思う。

警備服を着ていることに羞恥心があった。

私はある時期から、出社時にビルに入館する際、頭の中に「電源スイッチ」を思い浮かべるようにした。そして、スイッチをバチンと「ON」にする。この瞬間から、私の中の「警備マシーン」が覚醒し、25時間後まで稼働し続ける、という儀式をしていた。

ただの気休めにすぎないが、この儀式をしてからでないと、羞恥心やストレスや緊張感のある現場に耐えられなかったのである。

昼休みなどに、ビルの中のコンビニに行くことがある。その際、レジに並んでいる警備服を着た自分が好奇の目で見られているのではないか、なぜ「底辺の職業」である警備員が自分たちと同じ列に並んでいるのか、そう思われていないか恐れた。

いま思うと、とんでもない自意識過剰と職業差別だが、20代の私は、自分も普通に大学を卒業していれば、このビルに入っているような一流企業で働いていたはずだ、といった後悔にも苛《さいな》まれていたのである。

悶々とした思いを抱えながら、私は警備員としての人生を歩み続けていた。

警備員の給料

警備員の月間の勤務スケジュールは、「出勤」「明休」「公休」をサイクルさせ、月におよそ10回勤務するのが基本である。

私は時給が1000円だった。朝のエレベーター対応で残業代が1時間つくので、休憩時間と仮眠時間の計6時間を除くと、19時間労働で1万9000円になる。

これに、夜の10時から朝の5時には深夜労働代が1時間につき250円加算される（仮眠する時間帯によって加算額は変わる）。

夜7時から仮眠するシフトで、夜11時から朝の5時まで稼働していた場合、総額で1500円が加算されることになる。

つまり、2万500円が1回の勤務で得られる最高賃金だ。

月収にして20万5000円。

ここから、社会保険料や住民税が引かれて、16万円程度が手取りとなる。

収入を増やしたければ、公休日を減らして勤務回数を増やしてもらうか、日勤だけで入る日や、明残（翌日の夕方5時まで残業）を増やすしかない。それでも手取りにして20万円程度稼ぐのが限界である。

菜々ちゃんは出版社のアルバイトで6万円程度もらっていた。すると、堀田家の手取りは22～26万円となる。

東京で3人家族が暮らしていくにはギリギリの金額だ。

ただし、一家が路頭に迷うほどではない。贅沢しなければ「その月暮らし」ができる金額である。

問題なのは、「その月暮らしでいいのか」、この生活が「どこにでもある普通の家庭なのか」という点だ。

世の中には、当時の堀田家よりも少ない月収で、「どこにでもある普通の家庭」を築いている人だっているだろう。

しかし私は、このままで、「どこにでもある普通の家庭」を築けるのか、ずっと不安だった。

警備員の給料は、年次を重ねていけば、少しだけ上がることがある。時給が50円上がるとか、そういうレベルの話だ。時給が50円上がったところで、月収は1万円しか上がらない。

そして、警備員にはボーナスがない。ボーナスの代わりに「寸志《すんし》」が出る。年末に封筒で渡される寸志には「1万円」が1枚入っていた。

のんちゃんが成長していくにつれ、かかるお金はどんどん増えていくだろう。それなのに自分は、いつまでも時給仕事を続けていていいのだろうか。

そんなことを菜々ちゃんと話し合ったことなど、一度もない。私はまだ27歳で、菜々ちゃんはまだ23歳だった。お金の問題だけではない。私たちの生活は、すべてが「おままごと」のようで、リアリティがなかった。

私たちは、私たちの現実を直視したくなかった。私たちはまだ、自分自身の生き方を探している「子ども」だった。

菜々ちゃんは出版社でのアルバイトが決まる前、「ヤクルトのおばさん」になるかどうか迷っていた。お金は必要だ、だけど、どんな仕事でもいいわけじゃない。それが、私と同じように映画業界に憧れて上京してきた少女の本音だった。だから、菜々ちゃんは「やりがい」を求めて、希望する出版社でのアルバイトを決めた。

一方、私は「挫折」を理由に、「家族」というものを人生のメインディッシュに据《す》えた。「家族」のために警備員をしているのだと、自分を納得させていた。

本当は、夢を追うことから逃げ出した理由を、「家族」のせいにしていただけなのかもしれない。

出版社での仕事について楽しそうに話す菜々ちゃんと、「家族のために」を免罪符に自分をごまかしている私との間に、知らず知らずのうちに深い溝が生まれていたことを、このころはまだ知らなかった。

深夜の公園で号泣していた外国人女性と

深夜の公園を巡回しているとき、外国人女性に抱きつかれたことがある。

その女性は、公園のなかにある階段に座っていた。存在に気づいたとき、幽霊が現れたかと心臓が止まりそうになった。すでに公園は施錠されており、ここには誰もいないのが「正常」である。おそらく柵を乗り越えて侵入したのだろう。これを警備員が放置するわけにはいかない。

とはいえ、怖い。女性の座る階段は外灯に照らされていて、女性はブロンドの髪をした外国人だとわかる。ドキドキしながらブロンド女性に近づいていく。

「オッケーですか？」

何がオッケーなのか、我ながら意味不明だったが、女性が顔を向けた。

離れていても涙を流していることがわかった。

それよりも注目してしまったのが、女性が、アダルト誌のキャッチでいうところの「デカすぎ超プルプルおっぱい」の持ち主であることだった。夏だったので、キャミソールのような服を着用しており、そこから胸がこぼれ落ちそうだった。

ブロンド女性は、自分の隣を手でトントンと叩き、ここに座れと促した。

「マジかよ」と思ったが、危険な人ではないようだ。それにこの位置は防犯カメラの死角なので、防災センターからも見えない。

私は女性の隣に座った。

「大丈夫ですか？　具合が悪い？」

女性は首を横に振った。見たところ、少し酔っているようである。

「アイ・ディボース」

と聞こえた。

ディボースって何だっけ？　受験勉強で覚えたような気がする。でも、思い出せない。

「ディボースって何？　えーと。ワット・イズ・ディボース？」

すると女性は、「オーウ」などと言って、私に抱きついてきた。

深夜の誰もいない公園で、号泣したわけのわからないブロンド女性に抱きつかれている。「ディボース」って、おそらくつらいことなんだろう。

私はブロンド女性の胸の膨らみを感じながら、「オッケー、オッケー」と背中をさすった。だんだん女性は落ち着いてきたようだった。

「サンキュー」

と女性は立ち上がった。私は女性を公園の出口まで案内し、施錠している柵をあけ、もう一度ハグを交わして別れた。

「グッドラック！」

と恥ずかしげもなく言ってみた。すると女性は振り返り、

「ユー・トゥー」

と微笑んだ。

女性が行ってしまうと、携帯で「ディボース」を検索した。

離婚。なるほど、それであんなに泣いていたのか。

私は真夏の夜のこの出来事が、忘れられない思い出になった。警備員としてではなく、一人の人間として、私に接してくれた気がしたからである。

警備員の夜の悪ふざけ

年末年始や店舗の休業日など、ビルにほとんど人がやってこない日もある。そんな日は、とにかく暇だ。

当初イメージしていた、「暇そうな警備員」になることができる。ただし、暇だからといって一杯引っかけながらのんびりテレビでも見ているわけにはいかない。なんとなく携帯をいじったり、漫画をめくったりして時間を潰すしかない。

それにも飽きてくると、悪ふざけが始まる。

たとえば、扉を遠隔操作して施錠し、巡回中の警備員を閉じ込めてしまう悪ふざけ。巡回者はセキュリティーカードで扉を開閉して進んでいくので、いまどこを歩いているのかリアルタイムでわかってしまう。

そこで、防災センターで扉を「常時施錠」にしてしまえば、巡回者はカードを当てても扉を開けることができない。新人にこれをやると、「カードリーダーが故障しています！」

と焦ってすぐに電話をかけてくる。それを防災センターの面々が笑う。

あるいは、モールについている笛を、「ピッピピッピッピ」と行進のように鳴らしながら巡回している人がいた。それの何が楽しいのかわからないが、ふだんはそんなことはできないので、「プチタブー」を犯しているような快感があるのかもしれない。というか暇すぎて、やることが幼児化していくのかもしれない。

モールとは、警備員の制服の肩についている「縄」のようなものである。もともとモールは「現行犯逮捕」のために使われるアイテムだ。モールは肩から簡単に取り外すことができ、輪っかを小さく締めることができる。これで犯人を手錠のように拘束するのである。

現行犯逮捕は、警察官しかできないものだと勘違いしている人がいるが、それは間違いである。現行犯逮捕は、一般のすべての人が行なっていい行為だ。痴漢や万引きなどの犯行現場を目撃したら、誰でもその場で現行犯逮捕しても構わない。もちろん、危険をともない、また誤認逮捕の恐れもあるので注意が必要である。

警備員が「現行犯逮捕」することはあるのか？ 99パーセントないと考えていい。少なくとも、私の経験では「現行犯逮捕」の可能性が頭によぎったことすらなかった。

現場によっては、不審者が多く現行犯逮捕が必要なシチュエーションがないとも限らない。しかし、刃物を持つような不審者が現れたら、110番して警察を呼ぶのが基本だ。警備員には、格闘技ができるなどの肉体的な強さは一切求められない。巡回ができる程度に健康であればいい。肉体労働ではなく、頭脳労働と考えた方がいいだろう。

ただし、肉体的な強さは必要なくても、体力と忍耐力は必要だ。そして、「眠気」にも強くなければならない。

午前4時ごろから、ビルには新聞配達の人が次々とやってくる。テナントのポストはビルの中にある。この時間、ビルは閉館しているので、通用口のインターフォンを鳴らしてもらい、そのたびに警備員は遠隔操作で解錠していた。

以前、警備員が居眠りしており、新聞配達の人が30分以上も外で待ちぼうけをくらってしまったことがある。クレームにこそならなかったが、警備員には何かとやることが多く、ゆっくり居眠りできる時間はないと考えた方がいい。私のいた現場はそうだった。

これから警備員になろうとする人は、あらかじめ知っておいた方が、なったとき後悔しないだろう。

オフィスビルは不倫痴態

「挿れた！　挿れた！　いま挿れたでしょ！」

防災センターに、男たちの「うおーーー」という歓声が響き渡った。

巡回から防災センターに戻ってくると、これまで見たことのない光景が目に飛び込んできた。

管理さん、設備さん、そして警備のメンバーが十数人集まり、熱心に監視モニターの画面を見つめていた。

管理の責任者の海野さん、副責任者の小宮山さん、設備の責任者の堀込さん、警備の責任者の宮崎さんと、防災センターの各責任者が全員顔を揃えて、一つの監視モニターを注視しているのである。

「いったい、何が起こったんですか？」

私は隣にいた設備の笠原さんに事情を聞いた。

「公園でヤッてるんだよ」

「ヤッてる？」

「立ちバックでやってんの」

公園の東屋《あずまや》が映し出されているモニターには、女性の後ろに男性が密着している映像が映っていた。マジでか。

ちなみに現在の時刻は、午後2時18分。お盛んにも程がある。

「警備さん！　画面もっとズームしてよ！」

小宮山さんが楽しそうに指示すると、

「はい！」

と調子のいい武藤さんが嬉々として応じる。武藤さんは監視カメラをズームしてから、男女が画面の中央になるよう調整する。

「武藤ちゃん！　カメラの横振りはやめな！　気づかれやすい。これがバレたら、俺たち全員クビだよ」

堀込さんがふざけて言う。

「はい！」

ゲラゲラと笑い声が絶えない防災センター。こんな光景を見たのは初めてだ。


ズームされた画面には、スカートを捲り上げた若い女性と、ズボンを太ももあたりまで下ろし、スカートの中に腰を押しつけている中年男性の姿が映っていた。

「あ！」

と管理の小柳さんが言った。

「こいつら、43階のミュンヘン・コンサルティングの人だ」

「マジで！」

と一同、小柳さんに注目する。

「昨日、空調機の点検に行ったんだけど、この女の人、総務。そんで、この男の人、たぶん総務部長。昨日の点検で顔見た」

「43階なら、絶景でも見ながらヤレよって感じですよね。わざわざ地上まで降りてこないで」

宮崎さんが笑う。

「そんなに野外プレイをしたかったんですかね」

管理の瀬名さんが応える。

防災センターが再び笑いに包まれる。

この一体感はなんなんだ。男たちのエロへの探究心は、役職も職種も超えるものなのか。

そこへ清掃のジョージまで登場する。

「どうしたの、みんな集まって？　えっセックス？　ワァオ」

人種や国籍さえも超えるものなのか。

「むっ、そろそろイクぞ」

それまで沈黙を貫いていた管理責任者の海野さんが言った。

責任者の一声で、一同は腰の動きが一段と速くなった男に注目する。女は東屋の手すりを掴み、男の動きに合わせて体を揺らしている。

その刹那、二人の動きが停止した。

このときになって初めて、画面の男は、周囲に誰もいないかキョロキョロと確認をした。

男はズボンを上げ、女はパンツを穿《は》いた。それから何事もなかったかのように歩き出し、画面から消えていった。

防災センターに沈黙が訪れた。

海野さんが咳払いをした。海野さんは真っ黒に日焼けしている。髪の毛は長めで、ジェルでオールバックにしている。サーフィンが趣味だそう。50歳を超えているようには見えない若々しさ。

その海野さんが、

「ジョージ、悪いんだけど、あそこ汚れてないか見ておいてくれない」

そう言うと、自分の席に戻っていった。

それを合図に、管理さんと設備さんもそれぞれの持ち場に散っていく。

監視モニターの前には、宮崎さんと武藤さん、私、ジョージだけが残された。

いつもの防災センターに戻っていく。

公園での白昼の立ちバックが、防災センターに夢のような時間を与えてくれた。

しかし、それは白昼夢のようなもの。男が果ててしまえば、それを「監視する夢」も終わりを告げる。

こうして私たちは、現実に戻ってくる。

「高層階の巡回、異常ありませんでした」

私は変なタイミングだなと思いながらも、ルーティンの報告をした。

「お疲れ様」

と宮崎さんは言った。


「なんで私が、あそこの掃除しなきゃいけないのよ！」

ジョージが武藤さんに詰め寄っている。

「それが仕事だろ」

武藤さんが笑う。

「武藤ちゃんも一緒に行こうよ」

「俺は巡回がありますんで。宮崎さん、中層階の巡回行ってきまーす」

武藤さんは、ジョージから逃げるように防災センターを出ていった。ジョージは文句を言いながらも、公園まで掃除に向かった。

仕事を離れれば、「管理」も「設備」も「警備」も「清掃」もない。まるで、子どものころのように無邪気にゲラゲラと笑い合える大人たち。

でも、いざ仕事に戻れば、それぞれがそれぞれの役割を演じなければならない。それが仕事というものだ。

だけどたまには、今日のような時間があってほしい。役割を演じるだけの職場は、どうしてもギスギスしてくる。

白昼の立ちバックが、そのことを教えてくれたのだった。

非常階段でセックスしないでください!

警備員になって素朴に驚いたことがある。

それは世の中の会社員は、こんなにも不倫(もしくは社内恋愛)をしているのか、そしてオフィスでエロいことをしているのか、ということだ。

監視モニターを眺めていると、エレベーターで二人になるとすぐにチュッチュを始めるカップル、公園のベンチで抱き合っているカップル、エスカレーターに乗りながら尻を撫でているカップル、多目的トイレに一緒に入っていくカップル、などを見かける。

はじめは見かけるたびに驚いていたが、しだいに何も感じなくなる。それほどよく見かけるのだ。

夜の巡回で給湯室を通りかかったとき、思いきりディープキスをしているカップルに出会っ

たこともある。二人は咄嗟に体を離したが、女の口からは唾液が垂れていた。

人が通る可能性がある共用部でもこの乱れ具合だから、テナント室内では何が行なわれているか、ご想像のとおりだろう。

エロ本を作っているときは、エロ本とは男の妄想が生み出したフィクションだと思っていた。しかし、実際にエロ本やAVで描かれるような「オフィスでのセックス」は、想像よりもたくさんの人が行なっているのである。

もし、あなたにその経験がないのだとすれば、残念ながら現実から取り残されているといわざるを得ない。もちろん、私も取り残されている。


ある夜、私は中層階をいつもどおり巡回していた。フロアを回ってから、屋内にある非常階段で下のフロアに下り、それを繰り返していく。

非常階段を下っているとき、人の気配がした。この時間に非常階段に人がいることなんて初めてだ。不審者かもしれない。

私は聞こえてくる音に耳を澄ませた。

「アンッ」

という女性の声が聞こえた。まさか……。

私は足音を立てないように、ゆっくりと、階段を下りていく。

階段の踊り場から身を乗り出して下を見ると、案の定、男女がセックスをしていた。それも男女ともに着衣は乱れ、本来オフィスでは見せてはならないものが、すべて丸見えだった。

ラッキー、などとは当然思えない。

（どうしよう）

選択肢を考える。

何食わぬ顔で巡回を継続したらどうだろう。私の足音に気づいた男女は、これ以上ないスピードで着衣を正して、その場から逃げ出すだろう。そうすれば、私は二人と顔を合わせないですむ。何も見なかったことにするのだ。

このエリアはセキュリティーカードがなければ入れない。あの二人はこのフロアの社員なのだろう。不審者ではない。

もしくは、ここで「巡回でーす！」と声がけしてもいい。私は何もやましいことはしていないのだし、警備員が来たとわかれば二人もすぐにいなくなってくれるだろう。足音を聞かせるよりも驚かせなくてすむ。

あるいは、この非常階段は使わず、別の非常階段から階下に下り、彼女たちとは会わなかったことにしてもいい。そうすれば、巡回ルートを省略するわけでもないから問題ないだろう。


逡巡《しゅんじゅん》した挙げ句、私は「巡回でーす！」と声がけすることにした。

二人のセックスは、今まさに最高潮に盛り上がっているところらしい。女のあえぎ声が大きくなっている。頭がおかしいとしか思えない。

私は、息を吸い込んで、

「巡回でーす！　警備員でーす！」

と叫んだ。

その瞬間、女のあえぎ声が止まった。

「警備員です！　階段、下りて行きますよ！　いいですか？」

これでもう、二人は逃げるようにしていなくなるだろう。

しかし、男からの返答は想像を絶するものだった。

「すみません！　もう少しで終わるんで！　ちょっと待って」

（えーーーーー！）

すると、再び女のあえぎ声が聞こえ始めた。

こんなことって、ありえるだろうか。

私はわけがわからなくなり、とりあえず、別の階段を使って階下に下りることにした。

数分後、セックスの「現場」に行ってみると、痕跡はどこにもなかったのがせめてもの救いだ。床や壁などを「体液」で汚されていたら、それを掃除するとき、これ以上なく虚しくなっただろう。


私はここで、港区の一等地に勤務する「一流ビジネスパーソン」たちの性的奔放さを指摘したいわけではない。

「学生時代に勉強ばかりしていて遊んでいない人は、大人になってから性的に乱れる」といったような「科学的エビデンスのない」話をしたいわけでもない。

「人間には裏の顔がある」という事実を報告しているのである。

もちろん、裏の顔がある、のは警備員も同じだ。

かつてこの現場には、夜の巡回中に、各階の女子トイレの汚物入れから使用済の生理用品を回収している警備員がいた。

それを自宅に持ち帰って、性的欲求を満たすために使っていたのだ。なぜそんなことが発覚したかというと、自分で楽しそうにペラペラ話すからである。

はじめはみんな冗談だと思っていたが、どうやらこれは本当だぞ、やばいぞとなり、彼は現場から静かに異動させられた。彼の場合は、「裏」と「表」の顔の区別がつかなくなってしまったともいえる。

そして、人様の性生活をすまし顔で暴露しているこの私にだって、誰にも言えない「裏の顔」がある。そのことについては、のちに報告することにしよう。

喫煙警備員の究極の選択

27階には外資系のタバコ会社が入居していた。

ある日から、27階のバックヤードの給湯室に、タバコが満杯に入っている大きなゴミ袋が放置されるようになった。巡回チェックシートに「放置物品」として記録された。

私は当時、喫煙者だった。エコーという格安な銘柄を吸っているのは、少しでも節約したいからである。本当はもっと「質のいいタバコ」を吸いたい。給湯室に放置されているタバコをくすねたい誘惑に何度もかられた。

「あれは試作品ですかね?」

監視モニターの前に並んで座る伴さんに私は言った。

「おそらくそんなところだろう」

「捨てるなら欲しいですよね」

「絶対ダメだ。窃盗になる」

伴さんも喫煙者だが、誘惑よりも警備員としての心得が勝るのだろう。


しばらくして、私はある事実に気づいた。日を追うごとに少しずつ、放置されているタバコの量が減っている気がするのだ。

頻繁に巡回していると、一見タバコの量の変化はわからない。しかし私は、このとき実家の事情で10日ほど休みをもらった。勤務を再開した日に、目にも明らかにタバコの量が減っていることを確信したのである。

（誰かが盗んでいる）

探偵になった私は、防災センターの喫煙者で、最近タバコの銘柄が替わった人間がいないか調査した。

そして、犯人はあっさり見つかった。伴さんである。

私は、喫煙所でうまそうにそのタバコを吸っている伴さんに、

「伴さん、吸ってんじゃないっすか、あのタバコ」

と言った。

「なんの話？」

と伴さんはあくまでとぼけた。

要するに伴さんは、「表」と「裏」の顔を使い分けているのである。

私が万一、伴さんがタバコを盗んでいることを誰かにリークしたらマズイという考えがあったのかもしれない。

あるいは、窃盗者が二人になると、それだけ自分の取り分が少なくなると考えたのかもしれない。

少量ずつ盗んでいくのは、窃盗していることがバレるのを回避するためだろう。

しかし、少量とはいえタバコの量は確実に減っているのだから、そのうち誰かが気づくのではないだろうか。

実際、武藤さんの巡回チェックシートを見ると、27階の欄に「給湯室のタバコ（量が減っている）」と記載され始めた。

その記載に伴さんも気づいたのか、以降はタバコは減らなくなった。

警備員間の「タバコをめぐる戦い」は、正しい警備員に軍配が上がったのである。

警備員にとって「いい仕事」とは何か？

警備員が「今日はいい仕事をした」と感じるのは、「何も起きなかった日」だ。

監視や巡回などのルーティンをタイムスケジュールどおりにこなし、翌朝、引き継ぎ事項が何もないような日こそ、警備員にとっては最高の1日となる。

その日は、最悪な1日だった。

まず、昼すぎに自動火災報知機が発報した。17階を巡回中だった私はテナント「シスラーマネジメント」に急行するよう指示され、シスラーマネジメントのある9階に向かって非常階段を駆け下りていった。その間に、なんと煙感知器が作動した旨を告げる館内放送が流れてしまう。

（しまった）

毎朝、警備員は館内放送が即座に自動で流れないように、日中は火災報知機と放送設備の「連動」を切っておくのだが、その日はなぜか忘れてしまっていた。完全に自分のミスだ。きっと今ごろ防災センターは、「なんで放送連動を切っていないんだ！」と怒号が飛んでいるだろう。

私は落ち込みながら、9階のテナントに駆け込む。私が一番乗りだ。

「防災センターです！　御社の中の煙感知器が作動しました。中を確認させてください」

受付女性はポカンとし、「少々お待ちください」と内線の受話器をとった。

ややあって、スーツの男性がやってくる。

「どうされました？」

「煙感知器が作動したんです！　中を確認させてください」

男性は腑に落ちないといった顔をしながらも、私を社内に入れてくれた。社員たちの注目が一斉に集まる。

しかし、煙感知器が作動するような行為はどこにも見当たらない。

（しまった！）

この会社は9階と8階にフロアを借りていることを失念していた。8階の方だったのか……。男性は怪訝な顔をしている。

（どうしよう……）

「もしかしたら、8階の方かもしれません」

「ちょっと待ってよ。もしかしたらって、何。しっかりしてくださいよ（笑）」

（おっしゃるとおりです……）

私は頭を下げて、8階へと移動した。この時点で、クレームが入ることを確信した。どうして私は、9階なのか8階なのか確認しなかったのだ……。

8階に到着すると、すでに管理さんや設備さん、警備の井上さんが中にいた。

煙感知器発報の原因は、ホットプレートで焼肉パーティーをしていたことだった。

防災センターの面々は、館内は許可された場所以外「火気使用禁止」である旨を伝え、ことなきを得た。

防災センターに戻ってから、井上さんに事情聴取された。

なぜ、「放送連動」を切っていなかったのか？

なぜ、8階への到着が遅れたのか？

私はすべてを正直に話した。

「9階に行っちゃったことは、管理さんは知らない？」

「はい」

「言いに行こう。9階の人がクレームを入れたらまずいから、はじめに謝っておこう」

井上さんに付き添われ、海野さんに経緯を報告した。

海野さんは頷きながら聞き、経緯の報告書を提出するよう井上さんに指示した。

私は隣で小さくなり、「申し訳ございません」と頭を下げた。

去ろうとする井上さんと私に、海野さんが声をかけた。

「警備さん、しっかりしてね」

その言葉は、明らかに私へのものだった。


午後になっても、私は気持ちの切り替えができず、ミスを引きずっていた。監視モニターを見ていても、うつろだった。

そのとき、緊急地震速報の「ピー・ピー・ピー」という警報音が鳴り響く。

私は緊急地震速報の装置に駆け寄る。

「震度5・震源地：福島県浜通り」の表示。

私は叫んだ。

「緊急地震速報！　震度5！　震源は福島県浜通り！」

東日本大震災から2カ月ほど経ったころだった。

館内の地震計は「高層：震度3」「中層：震度3」「低層：震度2」を指し示して、警報が鳴る。

「地震計反応！　高層3！　中層3！　低層2！」

私は叫ぶ。

すると今度は、エレベーターの緊急停止の警報が鳴り響く。

「エレベーター1号機から19号機、全エレベーター、緊急停止！」

管理さんたちが、次々と監視盤室までやってきた。

このとき警備は、私しかいなかった。

海野さんが言った。

「警備さん。館内放送お願いします」

エレベーターが停止するような大きな地震が起きた場合、警備員が全館に放送を流さなければならない。しかし、これが初めての経験だ。

「はい！」

私は放送設備の前に立ち、放送の文面を用意し、呼吸を整える。

放送開始のチャイムを鳴らす。マイクを手にとる。

「こちら、グランドシティィータワー防災センターです。ただいま大きな地震が発生しました。安全のため、館内のエレベーターは最寄り階に停止しております。まもなく復旧する予定です。館内のお客様におかれましては………」

私は何度も放送の練習をしてきた。菜々ちゃんとのんちゃんが見守るなか、もしものときのために、記憶するくらい、何度も何度も練習してきた。菜々ちゃんとのんちゃんは、ポカンとしながらも、パチパチと拍手をしてくれた。だから大丈夫だ。

次に、英文に入る。このビルのお客さんには外国人が多い。

「ディス・イズ・ア・グランドシティィータワー・セキュリティー・センター。アン・アースクエイクス・ハズ・オキューアード………」

カタカナ英語ながら、なんとか最後まで読み上げることができた。

放送終了のチャイムを鳴らして、ホッと一息つく。

管理の小柳さんが近づいてきて「お疲れ様です」と肩を叩いてくれた。

地震によるビルの被害はなく、エレベーターも通常運転に復旧した。なんとか、及第点をとる地震対応ができたのではないか。そのときだった。

管理の小宮山さんと、宮崎さんの会話が聞こえてくる。

「クレームの電話がすごい。英語がひどいって。ここはどんなビルなんだって。確かにあれじゃや、マズイよ。今後の対応を考えなきゃ」

「申し訳ございません」

私は、泣きそうになっていた。というか、ひとまず泣いて心を整えたかった。

しかし、今のタイムスケジュールは「監視業務」である。ここを動くわけにはいかない。

私はただ、監視モニターを見続けるしかなかった。

あまりにいろいろなことがありすぎて、夕食はのどを通らなかった。仮眠は一睡もできなかった。

午後11時、私は仮眠時間を終えて、防災センターに戻る。

監視モニターの前には、宮崎さんと住吉さん、設備の塚本《つかもと》さん（33）がいる。

「寝れた？」

宮崎さんが言う。

「はい。少しだけ……」

「昼間がんばったから、夜はゆっくりしてていいよ。巡回は俺が代わるから」

「ありがとうございます。でも、巡回に行きたいです。ここにいるより」

警備の仲間は優しいから、なんとか持ち堪えられる。

そしてこのあとは、「何事もなく平和に終わった」と言いたいところだが、まだ続いた。外のエスカレーターが緊急停止した。エスカレーターの先にある店舗は、有名な元関取が経営するちゃんこ屋で、ちゃんこ屋にきた複数の力士がエスカレーターに乗った瞬間、動かなくなってしまったのである。

エスカレーターは再起動しても動かず、メーカーに連絡。修理中はちゃんこ屋の客を迂回させなければならず、午前2時までエスカレーターの前で立哨していた。

その帰りに、館内の床に嘔吐物を発見した。

深夜は清掃さんがいないため、設備の塚本さんと一緒に嘔吐物を掃除する。

塚本さんは私より少し年上で、寡黙な人だった。防災センターでの私語はほとんどない。夜はいつも読書していた。

ゲロまみれになった床を一緒に磨きながら、塚本さんが言った。

「どうでもいい、って思うことにしてる」

「?」

「がんばれば報われるとか、そういうのはないと思う」

「……」

塚本さんと私は、淡々とゲロを掃除していった。私は、塚本さんの言葉の真意を掴めないまま、「どうでもいい仕事」を続けるしかなかった。

45階の高層ビルの屋上から眺める東京の絶景

私は、高層階の巡回が好きだった。高層階の巡回ルートには、屋上も組み込まれているからだ。

グランドシティータワーの屋上は、３つの階層に分かれている。

巡回の際は、業務用エレベーターで屋上の1層目まで上がる。そこから、さまざまな設備機器を見て回り、「異音」や「異臭」がしていないか確認しつつ歩いていく。屋上には鉄製のパイプやタンクが所狭しと並んでおり、まるでミニチュアの工場地帯を歩いている感覚だ。

夜間は懐中電灯を片手に進んでいく。ちょっとしたアトラクションの中を探検している

ようで、ドキドキ感も高まる。ときおり機械が「ブォォー」と大きな音を立てて、排気口からたくさんの白い蒸気が噴き出される。眠っていた巨大怪獣が目覚めたかのようだ。

2層目も同じように進んでいく。1層目と2層目は、ビルの外壁が続いているため、外の景色を眺めることはできない。


鉄製の小さな階段を上り、3層目まで来ると、視界は一気に開ける。

360度、東京の街並みを一望することができるのだ。

海側にはレインボーブリッジやお台場が光り輝き、東側には東京タワー、そのさらに向こうには建設中のスカイツリーの姿も見えた。屋上にやってくるたび、スカイツリーはどんどん高くなっていった。北西側に目を転じると、池袋のサンシャインや新宿の高層ビル群の姿が見えた。

大小さまざまの無数のビルには、「航空障害灯」の赤ランプがすべてにあり、一定のリズムで明滅している。その明滅のリズムを見つめていると、いつのまにか自分の心臓が脈打つリズムと重なっていく。

東京という街が、一つの巨大な生き物のように思えてくる。ビルとビルの合間を走る網の目のような道路は全身に張り巡らされた血管だ。血管の中を車が走り、必要とされる場所に血液が届けられていく。となると無数のビルや建物は、東京を構成する細胞だろう。

私は新宿のはるか向こうに霞んでいる「稲城市」に思いをはせる。

稲城市にある小さなアパートの一室で、菜々ちゃんとのんちゃんは抱き合いながら眠っていることだろう。私は果たして、彼女たちに「血液」を与えることができているのだろうか。そしてその「血液」の成分には、お金以外に何が入っているのだろうか。

私はいつも、そんな感傷に浸りながら、屋上に大の字で寝転がる。

東京という「生き物」から解放されて、視界は一気に「宇宙」に変わる。

目を凝らしていると、チラチラと微かに星が瞬いているのが見える。

ここではないどこかは、宇宙にしかない。

「ここで生きるしかない」

私は自分に言い聞かせる。

「俺はここで生きるのが幸せなんだ」

第3章

警備員の知られざる生活ドキュメント

東日本大震災と警備員

東日本大震災が起こる前、思い起こすと「緊急地震速報」が頻発《ひんぱつ》していた。

何度か「震源は福島県浜通りです」と、情報共有のために、防災センター内で声を出した記憶がある。でもそれは、「起こる」前だった。「異常」だとそのときは気づかなかった。

２０１１年3月11日午後2時46分、私は明休で、家で爆睡していた。グランドシティータワーは、人にも建物にも被害はなかったが、ビルの中は帰宅困難者で溢れかえり、警備員は臨時の巡回を繰り返し、ケガ人がいないかビルの中を歩き回った。

私はというと、地震によって起こされたとき、本棚の本が散乱して部屋が無茶苦茶になっている光景を目にした。

居間では、バイトが休みだった菜々ちゃんが熱心にテレビを観ている。

「やばいよ、この地震」

「へえ」

私は眠くて朦朧《もうろう》としていたのでベッドに戻った。散乱した本は起きてから片づけよう。どれくらいの時間が経ったころだろう、居間から菜々ちゃんが駆け込んできて起こされる。

「堀田さん！　のんを迎えに行こう！　電車が止まってる」

「もう、うるさいな！　疲れてるんだよ」

と、菜々ちゃんの手を振り解《ほど》いた。そして、寝た。

夕方になり起きると、想像を絶する地震であることを理解した。菜々ちゃんに電話するが、出ない。私はずっとテレビを観ていた。

夜になり、菜々ちゃんはのんちゃんと帰ってきた。3駅離れた若葉台の保育所まで徒歩で迎えに行ったのだ。すでに午後9時を回っていた。

菜々ちゃんは一言も口を利いてくれなかった。翌日からは通常モードに戻ったが、この日、すべては終わっていたのかもしれない。


それから私は、「女性とホテルに行きたい」という願望に取り憑かれた。

連絡先に載っている「女性」に、あの手この手で接触を試み、ホテルに行こうとした。その結果、1年たらずでこれまで築いてきた人間関係のほとんどが失われた。

それでも懲りずに、菜々ちゃんと友達の、映画の専門学校時代の同級生と渋谷で食事し、どうにかしてホテルに行けないか画策した。

終電はすでになくなっており、渋谷の街を無言で歩き回った。真冬だった。寒かった。

そしてホテルに行った。

「もし私の体に指1本でも触れたら、携帯の角で脳天を割る」

と言われたので、本当に指1本触れなかった。

後日、私の一連のメールを菜々ちゃんは見た。

それで「浮気未遂」が発覚した。

菜々ちゃんは嫌悪感から、トイレで一晩中嘔吐し続けたことを、のちに人伝《ひとづ》てに聞いた。

なぜ私は、唐突にこんな「愚行」を犯してしまったのか？

このころから10年近く経った今、冷静に自己分析してみると、「男とは浮気する生き物」とか、「夫婦関係が冷え切っていた」とか、そういう問題ではなかったと思う。

「妻子のことを本当に愛していたらそんな愚行はしない」と、浮気や不倫を犯した人間は批判される。そういった言説に触れるたび、当初は自分が「非情な人間」なのだと自分を責めたこともあった。

しかし、私が「女性とホテルに行きたい」と思うときは、いつも「精神的に追い込まれているとき」であることに気づいた。

言い訳がましく聞こえるかもしれないが（というか言い訳なのだが）、人間は命を危ぶまれるほどの極限状態に追い込まれると、生存本能が覚醒し、遺伝子を残そうというモードになるらしい。

実際、コロナ禍では不倫や浮気が増発しているというデータがある。

東日本大震災の被災地では、震災後デリヘルに救いを求める男が少なくなかったそうだ。

極限の精神状態に追い込まれたとき、「人肌に触れていないと、正気でいられない」と、追い込まれた男たちは風俗に救いを求めていたのである。

もちろん、被災者が抱えた苦しみとお前のどうでもいい苦しみを一緒にするな、と思う向きもあるだろう。

しかし、幸せの尺度が人それぞれであるように、不幸の尺度や極限状態になる尺度も人それぞれである。

幸せや不幸は相対化できるものではない。外国の恵まれない子どもたちが今この瞬間にも餓死していることを知っても、そのことと自分の幸せや不幸は関係がない。悲しいかな、それが人間という生き物である。

警備員として虚しい毎日を送り、唯一の「生きる理由」であった家族ともうまくいかなくなった私は、このとき、「私としての極限状態」にあった。

ある日、警備の勤務から帰ってくると、部屋の荷物がちょうど半分なくなっていた。壁一面の本棚に入っていた本も、半分なくなっていた。

のんちゃんは、本棚から文庫本を取り出して、グチャグチャに破る遊びが好きだった。のんちゃんの痕跡は、その文庫本『さようなら、ギャングたち』の残骸だけだった。

こうして私は、孤独な警備員になった。

離婚してから、「なぜ自分は警備員をしているのか」わからなくなった。家族を養うという大義名分を失ってしまったからである。

しかし、「勤務」「明休」「公休」のサイクルに組み込まれている限り、仕事をほっぽり出すことはできない。

その後も私は、警備員として生きていくことになる。

警備員の食事

警備員は出勤後、昼食と夕食の2食、仮眠前にも食べる人は3食、翌朝食べる人は4食食べることになる。

私は、昼食と夕食の2食だけ食べるのが通常だった。結婚していたときは、菜々ちゃんが2食分弁当を持たせてくれた。

離婚してからは、自分で弁当を作った。近所のスーパーには2枚入りで480円の格安ステーキが売っていた。出勤の前日にステーキを焼き、巨大なタッパー2個に米をつめ、その上にステーキを載せた。このステーキ弁当を、警備員をやめるまでの間、昼食と夕食に食べ続けていた。

食事内容など、どうでもよかった。食事の内容にこだわれる人というのは、「人生に余裕がある人」だと思う。自殺前の人は、うまいものを食いたいなんて思わない。

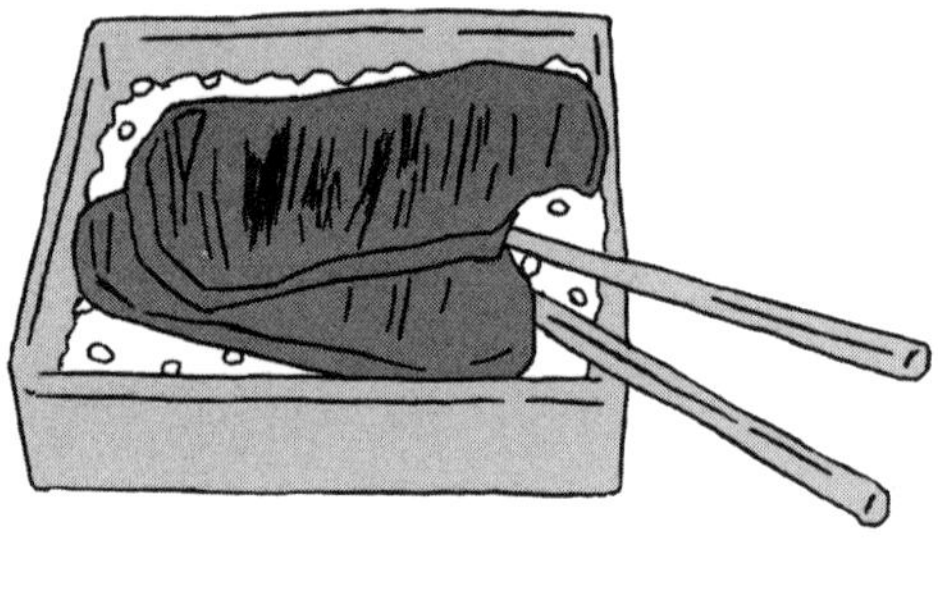

仮眠前に小腹が空いたときは、警備控室の前にある食べ物の自動販売機で、「カップヌードル・チリトマト味」と「アルフォートチョコレート」を買って食べた。今でもこれらを見ると、警備員をしていたこの時期を思い出す。

反射的に、2年間食べ続けていた「ステーキ弁当」のことまで思い出し、簡単に泣くことができる。私は自己愛が強いのである。

定期的に、賞味期限の迫っている防災センターの備蓄食料が、警備や設備に配られることがあった。お湯か水を注ぐだけで、「五目ごはん」に変身する優れものだった。食事代を節約できるので重宝した。

警備員の多くは、館内のコンビニで弁当を調達していた。なかには、館内の飲食店を利用していた人もいる。

私はとてもそんな気分になれなかった。4年間の警備員生活で、館内の飲食店を利用したことは一度もない。

仮眠ベッドが臭すぎて眠れない

警備控室には、2段ベッドが置かれている。警備会社からシーツが定期的に支給され、仮眠のたびに「マイシーツ」でベッドメイクをして眠る。

その前に、「普通の人」ならシャワーを浴びる。巡回で歩き回ってかいた汗を流さなければ気持ち悪くて眠れない。シャワーを浴びたら、Tシャツとハーフパンツに着替えてベッドに入っていた。

しかし、実はこの服装は、規則違反である。警備員は緊急事態に備えて、制服を着用したまま仮眠するよう指導される。「非常呼び出し」で叩き起こされたとき、真っ先に防災センターに駆けつけるためだ。

ただ、この規則を守っているのは隊長の宮崎さんを含めて誰もいなかった。制服を着た

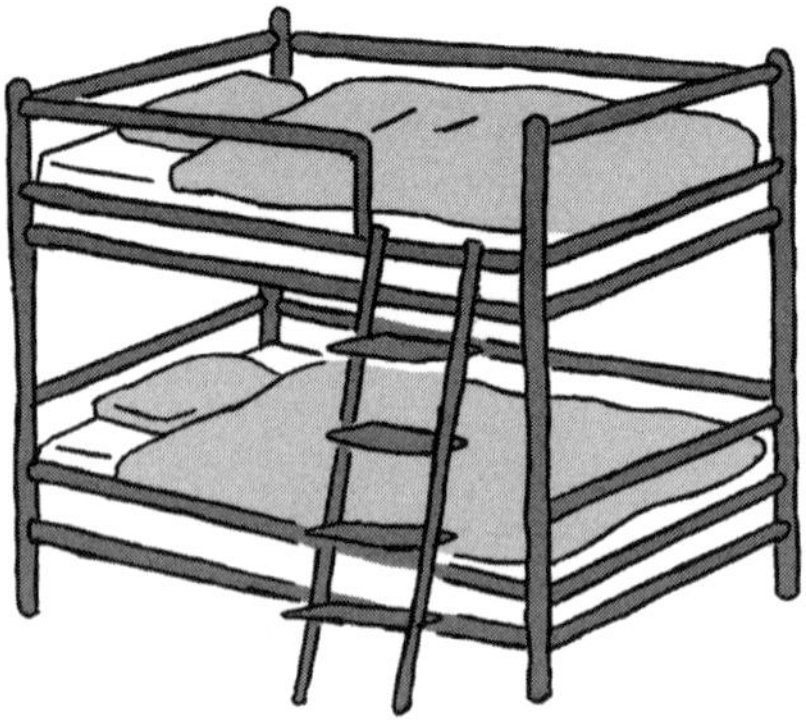

ままグッスリ眠れるわけもないし、疲れもとれない。衛生面からも最悪だ。そういう現場の事情がわかっていない「正社員」が作ったくだらない規則だといえる。

仮眠ベッドを使用するとき、注意点が一つあった。住吉さんが先に寝たベッドは、恐ろしく臭くて眠れないのである。加齢臭なのか、シャワーを浴びずに寝ているのか、とにかくベッドに悪臭が染み込んでおり、シーツを替えても無駄なのである。

そのため、住吉さんと同じ勤務のときは、「住吉さんを最後に寝かせる」ことが警備員の間での了解事項になった。出勤時に仮眠の順番は決まるのだが、何かと理由をつけて住吉さんを最後に寝かせるように誘導した。

なんらかの理由で住吉さんよりあとに寝ることになった場合は、一瞬にして彼がどちらのベッドで寝たのかが判明する。だから逆のベッドに寝ればいいのだが、「両方臭い」という謎の事態もあり、一時は「住吉さんは下のベッドで休憩をし、上のベッドで仮眠している」疑惑も持ち上がったほどだ。

スメルハラスメントという言葉がある。警備員になる人は、ほかの隊員のためにも清潔感を保つよう心がけてほしい。

勤務明けの帰りに……

離婚してから、勤務明けの帰りに、警備の人とご飯を食べにいくことが増えた。声をかけられる頻度も増えた。俺たちと同じ「気楽な独身貴族」なのだから、一緒に行こうぜというわけだ。

実際問題、もはやのんちゃんを保育所に迎えにいくこともないので、早く帰る理由はない。そもそも休みの日にやることが何もなかった。

よく警備の同僚と新橋で昼飲みをした。当時、何を話していたのかまったく思い出せない。おそらく「仕事の愚痴」だったのだろう。

仕事とは不思議なものである。その職に就いていると、その職が話題のすべて、その職が人生のすべてに染まっていく。映画界からも出版界からも離れた私は、当時、映画にも本にも興味を抱けなかった。警備のことしか興味がなかった。でも、そのときの感情は、

今はもう思い出せない。

パチスロにも連れていってもらったことがある。警備員にはパチスロや競馬、競艇に狂っている人が多かった。給料のほとんどを注ぎ込み、借金に追い込まれている人もいた。パチスロにはまったくハマらなかった。ギャンブルで大勝ちして1億円儲けたとしても、だからなんだという気がする。

菜々ちゃんとのんちゃんがいなくなってしまった今、私の人生には意味がなくなってしまった。

菜々ちゃんは最後、置き手紙を残していた。

『あなたが、「家族のため」というたびに、すごく嫌な気持ちになっていました。
自分の人生を歩んでください』

私は、私の人生をどのように歩めばいいのだろうか。

パチスロがそれを教えてくれないことは確かだった。

超かわいい女性警備員がやってきた！けれど……

「家族を養う」という警備員をする上での大義名分を失った私は、しだいに警備への情熱を失っていった。

つまり、仕事がいい加減になっていった。

わかりやすい変化が、まず、勤務中に酒を飲み始めたことである。

最初のうちは仮眠前にビールを飲む程度だったが、しだいに監視モニターの前や巡回中にも飲むようになった。ペットボトルに「ウォッカ」を詰めて、堂々と飲んでいた。何かの映画で観て、「ウォッカ」は臭いが残りにくいことを知っていた。加えて、常時、マスクを着用するようになった。

そんな折、女性の警備員が防災センターに配属されてきた。今でこそ「女性警備員」はよく見かけるようになったが、このころはまだ珍しかった。自衛隊の出身者だという。名

前は中西《なかにし》さん（25）といった。

中西さんは、なかなかの美人だった。肩幅は広く体型はガッチリしていたが、タヌキのような愛らしい顔をしていた。

私は警備員の制服を着ることは「誰でも恥ずかしいこと」という先入観があったため、「はじめのうちは恥ずかしいけど、そのうち慣れるよ」と中西さんに言った。

中西さんは、「この人は何を言っているのか」という怪訝な表情をした。彼女は自衛隊からの転職先として、「誇りを持って」警備員になったのだった。

私は明休や公休に、頻繁に中西さんをデートに誘った。完全な「セクハラ」あるいは「パワハラ」だが、一度もデートは実現しなかった。

勤務日に顔を合わせると、中西さんはいつも「眉間にシワを寄せ」「苦虫を噛み潰した」ような顔をしていたが、私はデートに誘って断られたことなど1ミリも記憶していないかのように振る舞い、しだいに彼女も「この人はそういう人なんだ」と認識した。その結果、中西さんは「ただの警備さん」になった。

常時、酒に酔っていた私は、「警備さん」以外の自分と接してくれる人を、ひたすら探していたのであった。

なぜ、警備員には薄毛が多いのか？

私の知るかぎり、施設警備員は「薄毛」の人が非常に多い。グランドシティータワーで出会った警備員のうち、30代以上の薄毛率は100パーセントである。ただ一人の例外もなく、全員が薄毛である。ツルッパゲの伴さんを「ハゲ」と揶揄する警備員も、それを笑っている警備員も、誰もが薄毛なのである。

薄毛の人が警備員になるのか、はたまた警備員をしていると薄毛になるのか、その真相はわからない。もしかすると、ほかの現場にはフサフサの警備員もたくさんいるのかもしれない。

一つの仮説がある。制服の「帽子」が薄毛の犯人ではないか、という仮説である。

警備員は、防災センターで監視業務についている時間以外は、帽子の着用を義務づけら

れている。警察官やバスの運転手などがかぶっている、あのタイプの帽子である。

夏用と冬用があり、夏用はメッシュ素材で通気性がいいのだが、それでも巡回から帰ってきて帽子をとると、頭から飛び散るほど汗をかいている。頭皮環境が不衛生になりやすいため、警備員は薄毛になりやすいのかもしれない。25時間勤務による睡眠不足、食生活や生活習慣の乱れも、原因の一つであろう。

警備員を志す人は、薄毛になる将来を覚悟しておくべきかもしれない。

「あーーー、堀田さん、順調にキテますね」

管理の瀬名さんがニコニコしながら、監視モニターの前に座る私の頭頂部を見て言う。

「うっさい」

例にもれず、私も日に日に頭頂部が薄くなってきていた。

「勲章ですよ。警備さんの勲章です」

そこへ伴さんが巡回から帰ってきた。

帽子をとって、ハゲ頭をタオルでゴシゴシ擦る。

蛍光灯の光を反射して、ハゲ頭が神々しく光った。

出勤簿の勤務時間を書き換える「正社員」たち

　グランドシティータワーの警備員の出勤管理は、「タイムカード」ではなく「出勤簿」で行なわれていた。

　朝、警備控室に出勤すると、出勤時間を「鉛筆で」記載し、翌朝退勤時間を「鉛筆で」記載する。残業時間や深夜手当なども、すべて「鉛筆で」書くよう求められた。

　なぜ鉛筆で記載するのか、そのことに疑問を抱く者は、私を含めてどこにもいなかった。まさか、記載した残業時間が、「ブロック長」の手によって書き換えられているなんて、知るよしもなかったからだ。

　ブロック長とは、近隣の警備の現場を統括する責任者である。チェーンの飲食店における「エリアマネージャー」のような役職だ。警備会社の「正社員」がブロック長を担っていた。

あるとき、何者かが、各隊員の残業時間を書き換えていることが発覚した。なぜそれまで発覚しなかったかというと、消された残業時間が毎月1時間程度だったからだ。私でいうと1000円しか給料が減らない。いちいち自分がその月に何時間残業したかなど把握しておらず、給料が1000円少なかったとしても普通は気づかない。

しかし、隊長の宮崎さんがこの不正に気づき、調べてみると、一人の警備員をのぞいて、多かれ少なかれ残業代を削られていたことが発覚した。1000円から2000円という微々たる金額だが、隊員全員の額を合わせると「1万〜2万円」になる。

そのお金は、いったいどこに消えたのか？

宮崎さんは隊員に、出勤簿を提出する前に、必ずコピーをとっておくように指示した。そして、ブロック長を経由して会社に届けられる現物と、コピーに違いがないか、会社に確認した。すると、提出された出勤簿の残業時間は、ブロック長の時点で書き換えられていたのである。

そして、さらに驚くべき事実が発覚した。

一人の隊員だけ、なぜか残業時間が増えている。しかもその金額は、ほかの隊員が削られた残業代を合計した金額だった。

つまり、ブロック長とその隊員は、ほかの隊員の残業代を自分たちのものにするために共謀していたのである。

その隊員とは、仮眠ベッドに犯罪的な臭いを残すことで有名な、住吉さんである。当時、なぜ住吉さんはほかの隊員に嫌われていたのか、いじめのように感じていた部分もあったのだが、すでに私の知らないところで「疑惑」が持ち上がっていたのかもしれない。


その後、ブロック長と住吉さんは会社をクビになった、と書きたいところだが、現実はそうならなかった。

この件ののち、宮崎さんは「ブロック長」に昇格することが決まり、出勤簿を鉛筆で記載するシステムも変わらなかった。

もしかすると警備会社には、「出勤簿を鉛筆で記載」させなければならない「事情」があるのではないか。グランドシティータワーでは、たまたま不正が発覚したが、ほかの現場でも公然と不正が行なわれているのではないか？

宮崎さんの昇格は、その口止めのためなのか？

不正を糾弾するには、エネルギーと情熱が必要だ。そして、その仕事が「自分の仕事」だという当事者意識も必要になる。

このときの私には、そんなものは一切なかった。残業代が1000円〜2000円減らされていてもどうでもよかったし、むしろ、そんな金額をプールしているブロック長と住吉さんのセコさが哀れだった。

ただ、いま思うと、私たち末端の警備員は、「搾取」されていたのだ。

不正に対して声を上げないということは、それを認めていることと同義だ。

当事者意識がないと、人は奴隷に成り下がり、権力者による搾取を「ささいなこと」「どうでもいいこと」と許してしまう。

許すばかりか支持する輩もいる。すると、権力者は味を占め、つけ上がり、さらに大きな不正を働くことになる。

「肉屋を支持する豚」にだけは、自分を守るためにも絶対になってはならない。

警備員の合コン事情

離婚して生活が荒れていることを知ってか知らずか、勤務中にウォッカを飲んでいることを知ってか知らずか、中西さんをデートに誘い続けていることを知ってか知らずか、管理の小柳さんと瀬名さん、田中さんの3人が「合コン行きましょう」と誘ってきた。3人とも二十代で、このときには気軽に話せる関係になっていた。

私は人生はじめての合コンに出かけた。

その日は明休で、合コンは夜の7時からだった。

私は帰宅してから眠り、夕方に起きてから、再びグランドシティータワー近くのレストランに向かった。管理の3人は日勤なので、夕方まで仕事がある。防災センターから直接

合コン会場にやってくる予定だ。

何を着ていくか迷った。管理の3人は、防災センターでは作業着を着ているが、通勤時はスーツを着用している。警備員は通勤時、てきとうな私服をそれぞれ着ている。私はいつもどおり、パーカーなどのてきとうな服で行こうかと考えたが、3人スーツで私だけパーカーというのは悪目立ちする気がする。一方で、普段は着ないスーツを着ていったら、「堀田さん、気合い入ってるな」みたいに思われたら癪《しゃく》だ。

そこで私は、トックリセーターに、小綺麗なカジュアルジャケットを羽織り、コールテンのズボンを選んだ。トックリにコールテン、というのが中学生から変わらない私の一張羅だった。

合コン会場に1時間前に到着してしまった私は、ソワソワしながら周囲を歩き回った。緊張感に耐えられなくなり持参のウォッカを飲み続けた。ようやく時間になったころには出来上がっていた。

会場のレストランには、すでに全員が揃っていた。相手の女性4人はみな「看護師さん」だそう。全員、私よりも年下だった。

自己紹介の際、管理の3人は社名を出し、女性陣から「すごーい」という声が上がった。

「管理」という職種については、

「まあ、いろいろとビルのことをね」

ということで落ち着いた。

問題は私だった。私は「協力会社の人」ということになった。これは間違いではない。

しかし女の一人が、

「協力会社って、何をしてるんですか?」

と聞いてきた。

「まあ、いろいろと」

と私が言った。

「警備員とか?」

と別の女が言った。

一瞬、その場に沈黙が訪れた。管理の3人も、無言である。堀田さんどうするの? という雰囲気が伝わってくる。

「うん。そう」

と私は言った。

さらに、深い沈黙が降りてくる。

「え、じゃあ、3人も警備なの？」

とさらに別の女が言った。

「違う違う！　俺らは違う」

と田中さんが全力で否定した。


つまりは、そういうことであった。誰も悪くはない。田中さんの気持ちもわかる。女性たちの気持ちもわかる。だって、合コンで、「警備員と出会いたい」と願う女性がいるわけがない。

それから私は、ひたすら飲み続けた。もちろん、「警備員」という職業によって、「モテない」というのは言い訳にすぎない。ルックス的なレベルの低さや、トークのつまらなさなど、「モテない理由」を数えれば山ほどあるだろう。

そうではなく、私は、自分の職業が「警備員」だと発覚したときの、あの「沈黙」「落胆」「こいつは数に入らない」という雰囲気が、ただただ悲しかった。

自分が合コンという愉快な場に、ふさわしくない人材であることがつらく、虚しく、絶望感に襲われていた。

そして、彼女たちと同じように、私自身が「警備員」を取るに足らない職業だと捉え、誰にも誇れず自慢できない職業だと捉えていることが、恥ずかしかった。

日本中のすべての警備員たちに謝りたい気持ちだった。

こうなるともう、酒は止まらなかった。その場にいた4人の女性すべてに、「ホテル行こう、一刻も早く」と連発し、私は小柳さんに連れられて退去することとなった。瀬名さんと田中さんは、女性たちと二次会に行ったようだった。

小柳さんと東京タワーを横目に見ながら、芝公園のなかを駅に向かって歩いた。

「なんか、すみません……俺もああいう場、二度と行きません」

小柳さんが、なぜか私に謝った。

夜風に吹かれて、先ほどまでの暴走が嘘のように、酔いは醒めかけていた。いや、酔ったふりをしなければ、あの場にいることが耐えられなかったのかもしれない。

「怖いっすよね、女って。俺も『ただのビルの管理人だ』って言えばよかったです。コソコソとカッコつけないで」

「いや、何も嘘ついてないじゃん、小柳さんは」

「でも、やっていることはただの管理人ですから」

「……未来があるよ、小柳さんたちは。立派な会社の社員で」

「誰にでも未来はありますよ」

「ないよ。警備員には。というより俺には」

「なんで、ちょっとカッコイイ感じで言うんですか」

小柳さんは笑った。そして続けた。

「……俺、会社やめようと思うんです」

「え？　そうなの？　なんで？」

「やりたいことがあって」

「やりたいこと？　何をやりたいの？」

「なんだっていいじゃないですか」

「え？　教えてよ教えてよ」

「嫌ですって。もう、しつこいから女の子に嫌われるんですよ。あと、タートルネックのセーターと、その変なズボンもやばいですよ。警備員とかそういう問題じゃないですから」

「ひど！」

小柳さんと笑いながら歩いた。管理さんと合コンに行き、帰り道にその反省をするなんて、警備員になりたてのころは想像もできなかったな、と思った。

警備という仕事に、プライドもやりがいも最後まで持てなかった。けれど、こうして言葉を交わせる人ができただけで、私にとっては掛け替えのない時間だったのかもしれない。

小柳さんは翌月退職した。現在はゲーム制作会社で働いている。

私と小柳さんは、10年経った今も、たまに連絡を取り合っている。

第4章

さようなら、警備の仲間たち

大雪の夜に

東京都心に数十年に一度の大雪が降る、という予報が出された。

警備員と設備員は防災倉庫から、「塩カル（塩化カルシウム）」や雪かきのスコップなどを用意し、前日から大雪に備えた。

管理の海野さんが「それじゃあ、あとは警備さん、設備さんよろしく」と言い残して帰宅すると、防災センターには6人の警備員と設備員が残された。

雪は、午後9時ごろから降り始めた。

最初のうちは、水分たっぷりのみぞれだったが、気温が下がるとともに大きな雪のかたまりとなり、あっという間にビルの外構部はうっすらと雪化粧をし始めた。

警備員は屋外で作動する4機のエスカレーターを停止し、トラバーで封鎖した。トラバーには迂回路を示す貼り紙をした。

警備員と設備員は、２人１組になり、ビルの周りに塩化カルシウムを撒いて回った。

午後11時、塩化カルシウムの効果も虚しく、外構部に雪が積もり始めた。人通りのある通路はまだシャーベット状だったが、公園はすでに足首が埋まるくらいの積雪が確認できた。

防災センターに２人が残り、４人の警備員と設備員が雪かきを開始する。

午前２時、雪かきをしても、したそばからすぐに雪が積もってしまう。徒労感が凄まじい。

「もうやめましょうよ。こんなことしても無駄ですよ」

私は黙々と雪かきを続けている武藤さんに言った。

「……こんなの警備の仕事じゃないですよね。警備業法に違反しているんじゃないですか？それとも、管理との契約で、雪かきは警備の仕事だという規定でもあるんですか？」

「そんなものはないよ」

「じゃあ、なんで私たちだけ雪かきしなきゃいけないんですか？」

「疲れたよね。あとは俺がやるよ」

武藤さんは雪かきを続けた。

私は防災センターに戻った。どうしてみんな、「自分の仕事」でもないのに、仮眠時間までなくなるのに、なんの文句も言わず働き続けているんだ。都合よく利用されているだけじゃないか。

そんな腑に落ちない感情を抱えながら、監視モニターに映る武藤さんの姿を眺めていた。

勤務の初日、何もわからない私に、帯革のつけ方を教えてくれたのが武藤さんだった。敷地の概念を教えてくれたのも、エスカレーターの動かし方を教えてくれたのも武藤さんだった。

私に親切にすることは、「自分の仕事」でもないのに、親切にしてくれたのが武藤さんだった。

「思い出」に弱い私は、ソワソワと落ち着かない感情になり、巡回中の井上さんが防災センターに帰ってくると、缶コーヒーを買って武藤さんのもとに走った。

「先ほどはすみませんでした。調子に乗って。これを」

と缶コーヒーを差し出した。

「ありがとう」

と武藤さんはニッコリ笑った。

警備員と設備員の6人は、順次交代しながら、朝まで雪かきを続けた。

夜明けとともに雪はやんだ。

灰色の雲を切り裂いて、朝日が降り注ぐ。

雪に染まった東京の街が、黄金色に輝いていく。

私たちはその美しさに見惚れながら、最後の仕上げにとりかかった。そして、テナント社員の出勤前に、ビルの外周の雪かきを終わらせることができた。

疲労困憊で防災センターに戻ると、いつもより1時間は早く、管理さんたちが出勤していた。

「警備さん、設備さん、お疲れ様でした。ありがとう」

と、管理の海野さんたちに労《ねぎら》われた。嬉しかった。

どんな仕事をしていても、不条理なことや腑に落ちないことに必ず出合う。そのときに腐らずがんばれるか、そしてその姿をちゃんと見てくれている人がいるかが、その仕事を続けられるかのボーダーラインなのかもしれない。

資格をとるということは……

警備員になって4年目に突入した。私は29歳になっていた。

すでにグランドシティータワーの警備員のなかでは、中堅からヴェテランになっていた。このころになると、会社から「施設警備業務検定2級」をとるようにと強く勧められていた。「施設警備業務検定」とは、警備業法に定められている警備員の国家資格である。1級と2級があるが、隊長クラスになるには最低でも「2級」を持っていなければならない。

防災センターに勤務するにあたって、私は「自衛消防技術試験」「防災センター要員講習」「上級救命講習」の資格は所持していた。

この3つの資格を持っていないと防災センターで勤務できない。

そのため、入社後に強制的にとらされた。資格といっても、講習を受けてその確認試験をする程度の簡単なものである。

しかし「施設警備業務検定」については、持っていなくても警備員として働くことができる。

つまり、この資格をとるということは、隊長クラスの警備員として骨を埋める覚悟を持つということである。

それゆえ私は、会社から受験を勧められるたびに、答えに窮した。そして、何度も受験拒否しているうちに、「なぜ堀田は受験しないのか？」という会社からのプレッシャーも感じるようになっていた。

私はこう考えていた。警備員として骨を埋めるための努力をするのなら、自分が本当に望んでいることにチャレンジする努力をすべきではないのか、と。

具体的には「出版社に就職する」という目標を立てた。異業種に転職するなら、二十代の今のタイミングがラストチャンスではないかとの焦りがあった。

そんな折、私は再婚する機会に恵まれた。私は離婚してからというもの、フェイスブックに毎日のように「人生は苦行だ」だとか、「この先、生きていても楽しいことなんて一つもない」だとか愚痴を書き込んでいた。

それをたまたま読んだ小学校時代の幼なじみである夏子《なつこ》ちゃんが、なぜかおもしろがってくれて、再会。1カ月後には婚約し、2カ月後には彼女の妊娠がわかり、そのまま結婚することとなった。

こうして、私の「極限状態」はあっさり解消されていった。菜々ちゃんとのんちゃんが出て行ったときは、「ここがどん底」だと思ったが、どん底で愚痴を叫び続けていたら、夏子ちゃんにその声が届き、あっさり地上まで引き揚げてくれたのである。

人生とは、まあ、そんなもんだろう。

極限状態から脱出した私は、「女性とホテルに行きたい」と思うことは一切なくなった。精神的にも安定し、勤務中にウォッカを飲むこともなくなった。

そして、「新しい家族」ができたことで、転職へのモチベーションも急速に高まっていった。

菜々ちゃんからは最後に、「家族を言い訳にするな」「自分の人生を生きろ」というメッセージを残されていた。

その記憶もあり、私は私の望む人生を歩むことが、夏子ちゃんと新しい家庭を築くためにも必要なことに思えた。夏子ちゃんも、そのことを応援してくれた。

一人では出版社に応募して面接に行く、なんてことは恐ろしくてできなかった。けれど、夏子ちゃんという「仲間」ができてからは、それまでとは別人のように、精力的に転職活動を行なっていった。

応募書類を送って、無視された出版社の数は計り知れない。

運よく面接まで漕ぎ着けたものの、エロ本の編集経験しかない私を雇ってくれる出版社はどこにも見つからなかった。

しかし、私は根気よく転職活動を続けた。夏子ちゃんと、これから生まれてくる「新しい命」のために、そして何より、「自分の人生」のために、私は出版社に就職しようと固く決意したのである。

ビジネスエリートが教えてくれたこと

1年に1回、ビルには全館休館日があった。

この日は全館が停電し、あらゆる業者がやってきて、停電中にしかできない点検や修理を行なう。

カードリーダーやエレベーターなど、電気が必要な設備はすべて使えなくなるため、テナントの社員には来館をお断りしている。

当然、各テナントにはこのことを何度も周知しているため、ビルにやってくる人はほとんどいない。

だが、ごくたまに存在する。

事情を説明すると、たいていの人は「あっ」という顔をして、そのままあきらめて帰っていく。

だが、ごくたまに、どうしても今日中に、会社の中に入らなければならない、という人が存在する。

そういった場合は、まず「緊急連絡先」に電話して、「解錠依頼」と同様に、本人確認をする。

そして、警備員と一緒に非常階段を使って、テナントまで向かうことになる。

非常階段のある空間は真っ暗なので、懐中電灯を持っていかなければならない。カードリーダーは使えないため、警備員は「グランドマスターキー」と「テナントマスターキー」を携帯する。

目指すテナントが、10階程度ならば問題ない。しかし万一、45階のテナントであった場合は地獄である。階段を上る疲労感も地獄だが、見ず知らずの人と暗い非常階段を上るのは、精神的にもストレスが溜まって疲れる。無言の時間がつらいのだ。

私は全館休館日に、36階のテナントの男性に同行したことがある。

私はもともと、外資系企業や有名なＩＴ企業、投資会社、コンサル会社などに勤めているテナントの社員に、どこかしらコンプレックスを抱いていた。

そのコンプレックスが、警備員をバカにしているのではないかという「警戒感」や、バカにしやがってという「被害妄想」につながっていた。

だから、できるだけ同じ時間を過ごしたくなかった。合コンのときのように傷つくのが怖かったのだ。

しかし、その男性はとても感じが良かった。「お手数おかけして、本当にすみません」とはなから謙虚で、非常階段を上り始めてからも、警備の仕事のどのあたりが大変かなど、興味深そうに尋ねてきた。私は、この人のようなビジネスエリートは、「バカだから警備員をやっているんだろ」と考えるような偏見のかたまりだと思っていたから、私の仕事に興味を持ってもらえたことが嬉しかった。

「24時間勤務はきついですよね。地震のときに館内放送するなんて、僕には絶対できないなあ」

「……そんな、お客様のお仕事の方が１００倍大変ですよ」

「大変っていったら大変だけど、毎日がなんだか虚しいですよね。虚業っていうか、マネーゲームっていうか、要するに何も生み出していないですから、僕の仕事は。やりがいのある仕事に転職したいな、といつも思っているんです」

「何も生み出してないといったら、警備員も負けませんよ」

「なるほど。投資家と意外と似ているのかもしれませんね。モニター画面と睨めっこするあたりも」

仕事についての悩みを、たった十数分話しただけで、私はいかに自分自身が「偏見のかたまり」であったかに気づかされた。

一流企業の社員という「記号」だけで人を判断していた。こうやって、生身の人間と言葉を交わすと、「記号」では絶対に回収できない「個人」がいることを、思い出させてくれる。

私自身が「警備員」という記号の呪縛に囚われ続けているのは、ほかならぬ私自身が、人を記号で判断していることの証拠なのかもしれない。

会ってみなければわからない、話してみなければわからない。記号で人を判断することが、いかに偏見や差別心を増長させるのかに気づいた。

私は36階までの道のりで、ビジネスエリートの彼に、「人間として大切なこと」を教えられた気がした。

人間の器は警備員への態度でわかる

ビルの45階には会員制の高級なバーがあった。そこには芸能人がよくやってきていた。

警備員はときおり、ハイヤーやタクシーなどで到着した芸能人をエレベーターまで案内する。誰もが知る国民的女優のＡ・Ｙさんは、「いつもありがとうございます」と必ず笑顔を見せてくれた。

一方、現在はジェンダー平等を声高に叫んでいるタレントのＫ・Ｋさんは、案内しようとする私に対して、汚いものを追い払うかのように「シッシ」と手を振り払った。

人は往々にして、自分よりも立場が弱い人に対して、「本当の顔」を見せるものだ。表向きどんなに良いことを言っていたり、弱者の味方のふりをしていたりしても、警備員への態度を見れば、その人の本質がわかるといえる。

私は経験したことはないが、テレビ局に勤めている警備員は、そのことをよく知っていることだろう。

警備員への態度がその人の本質を示すことは、もちろん芸能人に限った話ではない。朝の立哨中に必ず挨拶を返してくれる冴えないオッサンが、実は大企業の社長であったり、巡回中にいつも深々と頭を下げてくる、警備員内では有名だったヨレヨレのTシャツを着た青年が、のちに斬新なアプリを開発して大成功したりと、「大物」ほど警備員への態度は礼儀正しかった。

それは、警備員を記号ではなく「人間」として見ているからだろう。

人間の心を動かさなければ、どんなに技術が優れていても、ヒット商品やサービスを作ることはできない。商品やサービスを買うのは人間だからである。

人間の器は、警備員への態度でわかる。私自身、街で見かける警備員に、どのような態度をとっているか、いま一度自戒する昨今である。

お正月に飛び立つ「警備さんの帽子」

「警備さん」は、24時間３６５日、ビルの中にいる。盆暮れ正月も、クリスマスの夜も、ハロウィンの夜も、「警備さん」は、いつだってビルの中にいる。

年末年始は、多くの警備員が出勤したがった。12月30日から1月３日までの勤務は、年末年始手当てが１日５０００円出るからである。

その年、私は12月31日の出勤だった。大晦日《おおみそか》だからといって、仕事に大きな変化はない。鍵の棚おろしをするくらいで、それ以外の時間はスケジュールどおりにこなす。

ビルの中を巡回していると、さすがに31日に出社している人はほとんどいない。しかし、ときおり明かりが点いているテナントがあり、人の気配がする。世の中には大晦日にも働かなければならない人がいる。街に出れば、小売業や飲食店の人、交通機関の運転手さん

など、たくさんの人が大晦日にも働いているのだ。

私もそのなかの一人。「一人ではない」ことがなんだか嬉しくなる。

夜になると、テナントの明かりも消え、一年でもっともビルの中に人が少ない、静寂の時間が訪れる。

私は誰もいないビルの中を、もくもくと巡回する。放置物品がないか、未施錠箇所や破損箇所はないか、巡回チェックシートに記録しては、前へ進む。

屋上に出た。いつものルートをいつもどおり巡回し、3層目に上がる。

すると、いつもよりも星空がクッキリと見えた。都心に林立する高層ビルの灯が減ったことで、夜空の濃度が上がったのだ。

私は屋上に寝そべり、瞬く星を眺めていた。しばらくすると、視界の隅にうっすら揺れていた「オレンジ色」が、「白色」に変わるのを感じる。

私は立ち上がり、東京タワーに目をやる。

年越し仕様のレインボーカラーにライトアップされた東京タワーは、7つの色が混ざりあい、ぼんやりと白く発光している。

展望台に、「２０１３」の文字が光る。

２００２年、私は希望に胸を膨らませて大学に入学した。しかし、誰とも友達になれず、学食で一人でご飯を食べるのが怖く、大学から逃げた。

２００７年、映画の専門学校で、卒業制作『33万ペソの恋』が黙殺され、才能のなさを冷笑されるのが怖く、幼いころから夢見ていた映画業界から逃げた。

２００９年、エロ本の編集プロダクションの仕事に耐えられず、お世話になった上司や同僚と一言も言葉を交わさないまま、出版業界から逃げた。

逃げ続けるだけの人生だった。

そして、警備員になった。

あれから４年の月日が流れた。

その間、菜々ちゃんとのんちゃんを裏切り、大切な家族を失ってしまった。

でも、夏子ちゃんが、どん底で喘ぐ私を救い出してくれた。

２０１３年。29歳になった。

今年がラストチャンスだ。人生をもう一度やり直すためのラストチャンスだ。

私は、東京タワーの展望台に光る「２０１３」の文字を見つめた。

マヤ文明の暦によると、２０１２年12月に「人類は滅亡する」はずだった。だが、ノストラダムスの大予言がハズレたのと同じように、ほら見ろ、やっぱり人類は滅亡しなかったじゃないか。

未来のことなんて、誰にも予測がつかない。誰にも予測がつかないということは、誰にだって未来を変える可能性があるということだ。

動き出せば、未来は変わる。

少なくともそう信じなければ、変わる未来も、永遠に変わらない。

「ぎゃあああぁぁぁぁあぁあああああ」

と私は、両手を上げて絶叫した。

ビルから飛び立っていく姿をイメージしながら、屋上を飛び跳ね、走り回った。

その姿を誰かに見られたら、「壊れた」と思われたに違いない。

そう、私はようやく壊れることができたのだ。

壊れた私は、「警備さんの帽子」を手にとり、大きく振りかぶった。

そして、宇宙に向かって全力で投げた。

すると、「警備さんの帽子」には架空の羽が生まれ、グランドシティータワーを飛び出すと、高層ビルに飲み込まれた東京の街から脱出していく。

「ここではないどこか」に向かって、押し寄せる突風や雷雨をもろともせず、一直線に羽ばたいていく。

大気圏を突破すると、視界が一気に開けた。

さえぎるものが何もない宇宙空間。「二十億光年の孤独」な星々の、純粋無垢な光が「警備さんの帽子」を祝福するかのように降り注ぐ。

「警備さんの帽子」は、孤独な星々の光に照らされながら、いつまでも輝いて宇宙空間を漂いつづけた。まるで、地上で警備員の頭に載っていた時代は、はるか昔に誰かが見た夢の中の出来事のようだ。

未来はすべて自分の手の内にある。

どこにだって行ける。何者にだってなれる。

そんな妄想をしながら、私は笑いが止まらなかった。

警備員をやめる決意をした私に、怖いものは何もなかった。

さようなら、愛しの警備員たち

勤務最終日。

私は最後のエレベーター対応を終えて、防災センターに戻った。

出勤日だった設備の塚本さんに「お世話になりました」と挨拶する。

塚本さんは、一緒にゲロ掃除をしたときに、「どうでもいいと思っている」「がんばれば報われるとかはない」と言い放った人だ。

塚本さんは私に、「堀田さんはチャレンジャーだね。またいつか」と言った。

管理の人たちが会議を終えて、防災センターのデスクに戻ってくる。

私は、一人ひとり順番に退職の挨拶をしていく。

瀬名さんには「これでハゲの恐怖から逃れられますね」と軽口を叩かれ、田中さんには、「おめでとうございます！」とまるで刑務所から出所するかのように言われた。彼らと行った合コンは永遠に忘れないだろう。

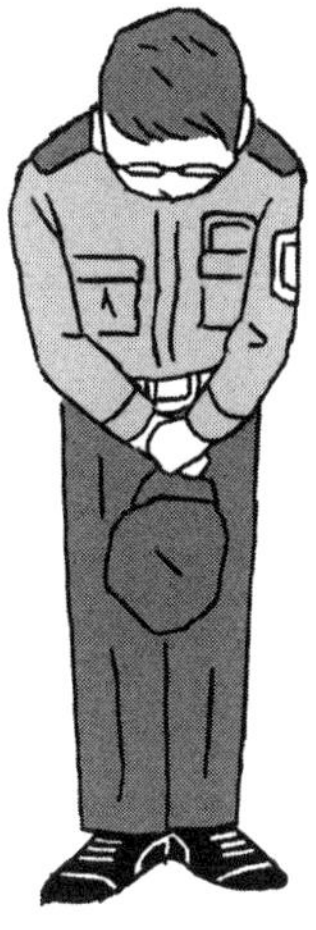

役職の低い人から順に挨拶をしていき、最後に責任者の海野さんに挨拶する。

「本日で退職することになりました。長い間、お世話になりました」

海野さんは、顔を上げて、私を見る。

「お疲れ様でした。次の現場は決まっているの？」

「いえ、会社を退職することにしたんです」

「そうなんだ。堀田さん、がんばってね」

私は海野さんに深々とお辞儀した。

涙が出そうだった。

なぜかというと、初めて「堀田さん」と、名前を呼んでくれたからだ。海野さんは、警備員を取るに足らない存在だなんて思っていなかった。きちんと、下っ端である私の名前も覚えていてくれたんだ。


私が警備員をやめると隊長の宮崎さんに伝えたあと、それを知った警備員のみんなは複雑な表情をした。

数カ月程度の腰かけならばまだしも、４年間も在籍した警備員が、警備をやめて他業種に転職することは稀だった。

私の場合は「警備に落ちる」年齢がまだ二十代の中盤だった。ここにいる警備員の多くは、三十代の後半で警備員になっている。そのため、今から別の業種に転職することはますます難しい。

それゆえ、私の転職は、警備員間に微妙な空気を流した。「せっかくここまで育てたのに」という雰囲気も伝わってきた。しかし、そんなことは関係なかった。

「長い間、お世話になりました」

私は警備控室で、最後の勤務が一緒だった宮崎さんと武藤さんに言った。

「がんばって」

と宮崎さんが言った。

「いつでも戻ってきていいよ」

と武藤さんが笑った。

グランドシティータワーの外に出て、45階建ての堂々たる姿を仰ぎ見る。

もう二度と、このビルの中に入ることはないだろう。防災センターにも、屋上にも行くことはないんだ。そう考えると、なんだか寂しかった。

でも、いつだって警備の仕事を記憶の中に呼び戻すことができる。私が何をしているときでも、警備員たちはスケジュールどおりにこのビルの中を巡回し、エスカレーターを起動し、自動ドアを施錠しているのだ。

私が今こうして、警備時代の思い出を書いているこの瞬間も、警備員たちはビルの中で、それぞれの思いを抱えながら働いているのだ。

そのことは、私に勇気を与えてくれるように思えた。

グランドシティータワーの「敷地」から出ようとすると、清掃員のジョージが植栽のゴミを掃除していた。

「今日休み⁉　イイね！」

とジョージは言った。

「ジョージはいつも、本当に楽しそうに働いてるね」

「？」

そういえば、勤務初日に初めて話しかけてくれたのはジョージだった。

4年前のことを思い出しながら、私はグランドシティータワーを後にした。

こうして、私の警備員生活は終わった。

◆エピローグ◆人は何度でも同じ過ちを繰り返す

◇ついに書籍の編集者になった！

そして私は出版社への就職を果たし、夏子ちゃんと生まれたばかりの「あやちゃん」という新しい家族とともに、幸せな人生を歩んでいくことになる。

と、書きたいところだが、むしろ私の人生は、ここから無茶苦茶になっていく。

出版社への就職は果たした。50数社応募した出版社のうち、面接まで漕ぎ着けることができたのは3社だけだった。2社の面接では自分の長所を聞かれ、「警備員として培った忍耐力は誰にも負けません」と言ったところ、「何言ってんのかよくわかんない」という顔をされ、その結果（かわからないが）入社は叶わなかった。

最後に受けたK社は、10人程度しか社員がいない小さな出版社だった。人文書や実用書など、ノンフィクション系の書籍を中心に手掛けている。椎名誠や藤原新也など有名作家の本も出していた。

社長と編集部長がじきじきに面接をしてくれた。

これまでと同じように自分の長所を「警備員として培った忍耐力」だと主張したところ、編集部長は「なるほど」という顔をして、神妙に頷いた。そして、

「一度離婚されたそうですが、その理由は仕事と関係がありますか？　プライベートなことですが、編集者になると、定時で帰るのは難しいのが現実ですから」

「離婚の理由は、不貞を働いたからです。欲望に負けました。仕事は関係ありません」

社長と編集部長は、笑いを堪えていた。

のちに編集部長に聞いたところ、「不貞を働いた」と私が真顔で答えたことが、入社の決め手になったらしい。やる気はあるようだし、正直者っぽい、ということで。

こうして私は、書籍の編集者になった。

◇そして再び、部屋は空っぽになる

書籍編集の仕事は、想像よりも遥かにハードワークだった。

本が好き、文章を書くのが好き、という思いはまったく武器にならなかった。むしろ、そんなものは仕事の邪魔だった。

とにかく「売れる企画」を立案し、「売れる本」を作らなければならない。自己実現だとか、夢だとかとは正反対の世界だった。

右も左もわからない私が、「売れる企画」など考えられるわけがない。著者やライターからあがってきた原稿を整理したり、印刷所に入稿したり、文字校正をしたりと、本ができあがるまでの作業を覚えるだけで精一杯だった。

そんな編集者見習いとして働いていた私だが、家庭では一児の父であった。あやちゃんが生まれてから、私と夏子ちゃんは練馬《ねりま》に小さな平屋を借りて、3人で暮らしていた。常に仕事に追い込まれていた私は、平日は朝から終電まで、土曜日は必ず出社し、日曜日は泥のように眠った。3人でどこかに出かけた記憶はほとんどない。

このころの私の口癖は「もうちょっとでラクになる」だった。今は編集者になるための見習い期間で、この壁を乗り越えれば心にも余裕ができると言い聞かせていた。警備員をやめて「もう失敗できない」と考えていた私は、何よりも仕事を優先した。「自分の人生を生きる」とはそういうことだと思っていた。

あるときから私は、精神を安定させるために安定剤の「デパス」を服用して過ごすようになった。デパスを飲んでいるときは、フワッとした気持ちになり、仕事のプレッシャーからも解放された。しかしデパスを飲んでいないときは強烈な不安感に襲われることもあれば、夏子ちゃんに当たり散らすこともあった。

あやちゃんもまた、のんちゃんと同じように、本棚の最下段にある文庫をビリビリと破るのが好きだった。

その夜、深夜に仕事から帰ってきた私は、大切にしていた文庫が散乱している光景を見て、怒りに震え、茶の間に置いてあった扇風機に思いきり蹴りを入れた。扇風機のカバー部分をグニャグニャになるまで踏みつけ、拳で羽を割りまくった。隣の部屋で、夏子ちゃんはあやちゃんを抱きしめながら、震えていた。

こうして、夏子ちゃんは私を見限った。

それから夏子ちゃんとケンカが絶えなくなった。私が怒鳴り声をあげたとき、いつもニコニコしているあやちゃんは、表情を失っていた。夏子ちゃんはあやちゃんを抱きしめ、「もうやめて。もうやめて。どうして編集者なんてやってるの？バカじゃないの。なんの意味があるの？　もうやめて」と言った。

しかし私は、編集者をやめるわけにはいかなかった。私は、もう二度と、自分の人生から逃げるわけにはいかなかった。

夏子ちゃんは公共機関に「DV相談」に行った。そして、離婚調停を経て、離婚することになった。「もうちょっとでラクになる」と言い続けて、すでに3年の月日が流れていた。

深夜に家に帰ると、いつか見た光景が再現されていた。部屋の荷物がきっちり半分なくなっている。私は、スカスカになった部屋に立ち尽くし、「夏子ちゃん、ごめんなさい。あやちゃん、ごめんなさい」と呟くしかなかった。

どうやって生きればいいのか、ますます混乱は極まった。

◇売れない本を量産して会社を潰した

K社は小規模な出版社であったが、新刊は必ず全国紙に新聞広告を打っていた。編集部長は、毎年10万部を超えるベストセラーを出していたが、私が編集した書籍は軒並み売れなかった。売れない本が増えるにつれ、広告費を回収できず、経営状態は悪化の一途を辿っていった。

そして離婚してからというもの、精神的に追い込まれていた私は、またいつもの悪い癖が出てきた。出会う女性と「ホテルに行きたい」と思ってしまう悪い癖である。

しかし、すでに悪い癖を自覚していた自分は、かろうじて自分を律していた。

しかし、売れない本を作れば作るほど、精神状態は悪化の一途を辿っていった。

「警備員としての忍耐力」を買って私を入社させてくれた社長や編集部長の恩に報いたいという思いもあった。しかしその思いはいつも空回りし、何をやってもうまくいかず、かといって再び逃げるわけにもいかず、私の心は常に極限状態にあった。

そして結局、仕事で知り合ったデザイナーの女性や、彼氏にフラれて落ち込んでいる旧知の女性などに声をかけ、ホテルに行くようになった。

精神科にも通うようになっていたが、根本的な解決にはならなかった。

そんな最中、K社は倒産した。

倒産することを知らされたのは、その1週間前だった。

私は、正直ホッとした。

解放された、もうがんばらなくていいんだ、と心の重荷がスッと下ろされた。

私がK社で働いていた4年間、自分のしたことといえば、扇風機をぶち壊し、女性とホテルに行くことに熱中し、売れない本を量産し、デパスに逃げ、会社を潰してしまうことだった。

K社は、「警備員だった私」に興味を持ってくれ、経験や実績ではなく「人間としての私」を見てくれた唯一の出版社だった。社長は古風な編集者で怒鳴ったりすることもあったが、私を「人間として見ている」のを常に感じていたため、そこに反感はなかった。K社の恩に報いられなかったことが、申し訳なかった。

残務整理をしながら、将来について考えた。もう一度「警備員に戻ろうか」、それとも「書籍編集者を続けようか」。

私は後者を選んだ。

このころはまだ、設備の塚本さんの「がんばれば報われるとかはない」という言葉の意味が、私にはわかっていなかったのである。

◇どんなにがんばっても報われない人生はある

転職先のM社は、10年前に一度倒産しかけたが民事再生で復活を遂げ、現在は健康実用書でベストセラーを連発している出版社だった。

なんの実績もない私がどうしてM社に入れたのか。おそらく同じ「倒産」という危機を経験していたからだと思う。10年前の自分たちと同じように、私が死ぬ気でがんばる可能性に懸けてくれたのだ。

本来、私はM社にいられるような人材ではない、という空気をたびたび感じた。社長からは「お前は人一倍努力しなければならない」といつも釘を刺されていた。ベストセラーを出さなければ、M社で生き残ることができない。そう気づいた私は、K社とは正反対ともいえるM社の編集方針を愚直に学び、どうにかしてベストセラーを出そうと努力した。

ある先輩からは、「給料泥棒」「さっさとやめろ」「存在が迷惑」といった「指導」を、人を小馬鹿にするような半笑いでたびたびされた。

社長からは、「お前は容姿が人より劣っている」「お前は学歴がない」「お前は育ちが悪い」、だから「人一倍努力しろ」といった「指導」をたびたびされた。「お前が警備員だったことなど、どうでもいい」という「指導」には、もっとも心が引き裂かれた。自分のみならず、世界中の警備員の仲間たちが侮辱されたように感じた。宮崎さんが、武藤さんが、伴さんが、井上さんが、野原さんが、住吉さんが、中西さんが、岩永さんが、侮辱されたように感じた。

ほかの社員がいる前で怒鳴られたり、デスクを蹴られて恫喝されるような「熱血指導」は日常茶飯事だった。M社の社員は全員その光景を目の前で目撃しているのに、見て見ぬふりをするのが「社風」だった。

しかし、それも仕方のないことだ。

なぜなら私はもともとM社に入れるような人材ではなく、恩情で入社させてもらったのだから、どんなにつらい目にあっても今は耐えなければならない。

私は、この苦しみから逃れるために、とにかくベストセラーを出そうと努力した。ベストセラーさえ出せば、私もM社の一員として受け入れられるのではないかと思っていたからである。

1年後、ついに私はベストセラーを2冊出した（2021年現在、1冊は33万部、もう1冊は11万部を突破した）。

これでようやく、先輩や社長からの「指導」はなくなるかと思ったが、私の読みは完全に甘かった。私に下された評価は、本が売れたのはお前の実力や努力のおかげではなく、先輩の「指導」のおかげなのだから、「調子に乗るな」だった。

社長の「熱狂的な指導」は収まらず、ますます加熱した。

私の精神は崩壊しかけていた。

「がんばれば報われる」と思っていた。

「結果を出せば報われる」と思っていた。

けれど、一度貼られた「レッテル」は、その人の永遠の「記号」となり、逃れようとしても簡単には逃れられないことを知った。「容姿」や「育ち」や「学歴」について言及してくるのは、「記号」で人を判断している最たる証拠だろう。

私は、「肉屋を支持する豚」にすぎなかった。

働く人を「人間」として扱ってくれたK社が倒産し、働く人を「記号」の中に閉じ込めるM社がベストセラーを連発する。これが現実だった。

私は、すべてがどうでもよくなった。

自分より立場の弱い人間に対して、高圧的な態度をとるような「小物たち」と一緒に働きたくない。警備員の挨拶を無視するような「小物たち」と同じ空気を吸いたくない。そしてそれを放置している時代錯誤な会社に一秒でもいたくない。

私は精一杯の言葉の武装をしながらも、毎日が怖くて、足がガクガク震え、最後には吃音まで出始めていた。コンビニでタバコの「エコー」を買うときは、「エ、エ、エ、エ、エ、エコー」となっていた。文頭がア行だといつもこうなった。

「次に怒鳴られたら逃げよう」と心に決めた30分後、実際に怒鳴られ、デスクを思い切り蹴られた。それから二度と会社に行かなかった。

私は人生で初めて、「がんばっても一つも報われないことがある」のを知った。

◇そしてまた私は、警備員になった

M社を逃げ出した私は、無職になった。M社時代、新しい婚約者がいた。しかし、いつもどおり浮気し、それが発覚し、200万円の慰謝料を請求されていた。

37歳、無職、独身、高円寺《こうえんじ》の四畳半に住み、借金は200万円、ハゲ、デブ、チビ、加齢臭。

これが、私のスペックである。

「人生詰んだ」とは、まさに私だ。

いや、とっくの昔に、私の人生は詰んでいたのかもしれない。エロ雑誌の編集プロダクションを失踪したとき、映画の卒業制作が黙殺されただけで夢をあきらめたとき、友だちができないだけで大学を中退したとき、すでに私の人生は詰んでいたのかもしれない。

本当に、いい加減に生きてきた。そのツケが、回ってきたのだ。たくさんの人を傷つけ、たくさんの人を裏切ってきた。

私の人生はなぜ、こんなことになってしまったのか。

すべては「精神的な弱さ」にあったと思う。

そして、その精神的な弱さを覆い隠すために、常に女性に依存してきた。

不甲斐ない自分を認めてくれる、包み込んでくれる「幻想の女性」に依存し続けてきた。女性の人格や気持ちを省みることなく、ただただ自分にとって都合のいい女性像を押しつけ、それが叶わないといつも裏切った。まるで、自分をサポートする「アイテム」のように、女性と接してきた。

そんな人間と一緒に生きたいと思う人など、どこにもいない。

一度だって私は、「きちんと生きた」ことがなかった。

……いや、私にもあった。警備員をしていた4年間、私は、きちんと巡回し、きちんと監視をし、きちんと解錠依頼をこなした。退職するときも、きちんと同僚たちに挨拶してやめた。

私だって、きちんとやれていたときがあったんだ。


すべてを失って、それでも唯一、私の胸の奥でずっと消え去らないのが、「のんちゃん」と「あやちゃん」の笑顔だ。

二人とも、2歳までしか一緒に暮らすことができなかった。

父親らしいことは、何一つできなかった。

二人とも、私のことなど記憶にないだろうし、私という存在は知らされていないはずだ。

でも、警備員時代、明休でのんちゃんを保育所に迎えに行っていた日々を、ずっと忘れない。抱っこした君と、覚えたばかりの「アンパンマンのマーチ」を一緒に歌ったことを絶対に忘れない。

編集者時代、まだ歩けないあやちゃんを抱っこし、石神井川《しゃくじい》の桜並木を一緒に眺めながら歩いたことを、ずっと忘れない。君の小さな手が、私の中指をギュッと握っていた、その温度を、永遠に忘れない。

一生会えないかもしれないけど、私に言う資格なんてないけれど、二人に嫌なことやつらいことが起きないことを、いつも遠くで願っています。

警備員をしていたとき、「ここがどん底だ」と思っていた。

あの4年間で、私は「どん底から這い上がる」ことができると知った。

シェークスピアは『リア王』のなかでこう言っている。

「『どん底まで落ちた』と言えるうちは、まだ本当にどん底ではない」

私は今、再び「どん底」に落ちた。

でも「どん底に落ちた」と言えている限り、ここはどん底ではない。

いつだってまた、這い上がることができる。


私はスマホに残していた警備会社の番号に電話をかける。

「もしもし、警備員になりたいのですが」

気がつけば再び、警備員になっていた。

◆あとがき◆

私は今、都内の商業施設で警備員をしている。二十代の時の経験が生き、すぐに仕事には慣れた。当時のような被害者意識や、ここから這い上がろうという向上心は時を経るごとに薄れていき、今は淡々とした毎日を送っている。

そんな日々のなかで、「自分とは何者か?」について、書き残したい欲求が生まれてきた。「どこにでもある普通の家庭」を求めて警備員になったのに、どうしてあらゆる家庭をぶち壊し、こうしてまた警備員になっているのか、頭を整理したかった。

菜々ちゃんと夏子ちゃんは、それぞれ再婚して、新しい家庭を築いたと人伝に聞いた。のんちゃんはもうすぐ12歳に、あやちゃんは7歳になる。どこで暮らしているのかはわからない。

この本は、自分の人生を肯定するために書いた。だが、書いているうちに「警備員という仕事」が世の中には全然知られていないという事実に思い至った。

街中で見かける警備員たちは、「警備さん」の名前で一括りにされてしまう。しかし当然ながら、一人ひとりの警備員は固有の人生や思いを抱えながら働いていることを、誰かに知ってほしかった。それは、自分を肯定すると同時に、置かれた場所で懸命に働いている人を肯定することでもあった。

出来上がった原稿を、知り合いの編集者たちに送ったが、黙殺され、あるいは冷笑された。唯一、「おもしろい」と反応してくれたのが、本書の編集者の伊勢さんだった。伊勢さんはエロ本の編プロ時代の上司にあたる。10年ぶりの再会だった。現在は新しい編プロを立ち上げて、幅広いジャンルの書籍や雑誌を手掛けている。笠倉出版社の三上さんと伊勢さんのおかげで、本書の刊行が実現した。

10年前に逃げ出した編プロの上司のおかげで本が出せるとは、時の経過によって、人生には何が起こるかわからないものだ。

どんな仕事をしていても、大変なことがあれば、喜びだってある。

大切にしていた人間関係が、一瞬にして壊れてしまうこともある。

でも、たとえ「どん底」に落ちても、上を見上げれば必ず青空が見えるはずだ。

あなたが「極限の精神状態」にあるとき、一瞬でも本書のことを思い出し、「あいつよりマシだ」と笑ってくれたなら、著者として望外の喜びである。

堀田孝之

◆編集後記◆

「発育が止まらないプルプル爆乳ギャル！」。

決め手はこのキャッチコピーだった。編者は、本書のオープニングに登場する、「『卒業制作の監督』に選ばれた」映画の専門学校の卒業生であり、また、「実際の仕事は『地獄』としか言えないものだった」編集プロダクションの上司でもあった。三丁目あたりでトンズラされ、残された地獄をどうにか処理した者としては、当時を振り返るとはらわたが煮えくりかえってもおかしくはないのだが、〝働き方改革〟な現代ならば確実に一発アウトな会社で共に生きた者だからこそ共感できるオープニングに、もはや、「発育が止まらない」ほど強制的にプルプルと魅きつけられたのだ。

爆笑と同時に、涙腺まで刺激される……。

「発育が止まらないプルプル爆乳ギャル！」から発せられる哀愁が心に沁みてしまった瞬間、これはどうしても本にしなければならないという衝動に駆られ、何かに取り憑かれたかのように笠倉出版社の営業さんを口説いていた。

あのキャッチコピーの誕生から10余年……。それ以上にインパクトのあるコピーを、本書にはつけられてはいないような気もするが（笑）、この奇妙な縁に感謝しつつ、我々と同じ映画の専門学校の卒業生が本書に目をつけて、映画化のオファーをくれないものかと、さらなる欲望の発育が止まらない。

伊勢 新九朗

著・堀田《ほった》孝之《たかゆき》

1984年、山梨県出身。横浜国立大学中退。日本映画学校卒業。雑誌の編集プロダクションを経て、施設警備員に。その後、いくつかの出版社を渡り歩き、再び警備員になる（このあたりの顛末は、本書に詳しい）。著書に『交通誘導員ヨレヨレ漫画日記』（三五館シンシャ）、『「鬼滅の刃」に学ぶ絶望から立ち上がるための27の言葉』（笠倉出版社）がある。

企画	株式会社伊勢出版
装丁・本文デザイン	若狭陽一
イラスト	徳丸ゆう
編集	伊勢新九朗
協力	南田美紅

気がつけば警備員になっていた。

高層ビル警備員のトホホな日常の記録

発行日	令和3年7月11日
著者	堀田孝之
発行人	笠倉伸夫
発行所	株式会社笠倉出版社
	〒110-8625 東京都台東区東上野2-8-7 笠倉ビル
営業	0120-984-164
内容についてのお問い合わせ	sales@kasakura.co.jp
印刷・製本	株式会社光邦

2021 Printed in JAPAN　ISBN 978-4-7730-6132-1